经理人与管理——概念与方法

周玮民　著

科学出版社

北京

内 容 简 介

　　管理是一个古老而又极其复杂的问题，一方面在不同时空里，以往的经历无法保证未来的有效性，另一方面再能干、再有权威的人也无法完全掌控外部环境对其组织的干扰。相对而言，经理人的管理工作内容确定性较高，也比较容易掌握，简单地说，就是"待人处事"——怎么对待别人，如何处理事务。本书的内容就依此来开展，着重介绍经理人应具备的管理概念与工作方法。本书共9章：经理人的角色、沟通、领导统御、员工发展、绩效管理、营运工程与管理、规划与管控、变革管理、企业文化中的共同价值观。企业文化深受企业成员原有的社会背景影响，而近代企业形态与经营理念多半来自西方，因此共同价值观的探讨在着眼于华人企业的同时，也大量地借鉴于西方文化的优点。

　　离开了实务的应用，管理学就只能被看作哲学。因此，本书尽量参照实际的经验，以解说内容的有效性。写作方式力求简洁，在无需特别论述的地方，直接以提纲的方式列出，读者可以当作核对清单使用。此外，企业经营与管理的主要问题被精简为 50 个左右，列于附录，企业可依此进行自我检测。针对调查表中每项问题，也尝试提出最优运作法则，供读者参考。

图书在版编目(CIP)数据

经理人与管理：概念与方法/周玮民著. —北京：科学出版社，2018.3
ISBN 978-7-03-056911-0

Ⅰ. ①经⋯　Ⅱ. ①周⋯　Ⅲ. ①企业管理　Ⅳ. ①F272

中国版本图书馆 CIP 数据核字 (2018) 第 049620 号

责任编辑：李　欣　赵彦超/责任校对：张凤琴
责任印制：张　伟/封面设计：陈　敬

科学出版社 出版
北京东黄城根北街 16 号
邮政编码：100717
http://www.sciencep.com

北京九州迅驰传媒文化有限公司印刷
科学出版社发行　各地新华书店经销

*

2018 年 3 月第 一 版　开本：720×1000 1/16
2018 年 3 月第一次印刷　印张：8 3/4
字数：174 000

定价：**58.00 元**
(如有印装质量问题，我社负责调换)

序　言

我在大学时主修工业管理，读过的科目大体上可分为理、工、商与管理四类。对于管理类的课程，尤其涉及企业成败案例的讨论，我却持有保留的态度。其后，无论在研究所读书，还是在职场工作的前十多年，我都和"管理"保持着距离。直到我离开科研单位，开始从事生产与营运管理工作，才认识到管理问题远比技术（technology）与方法（methodology）复杂，而且也更有挑战性。虽然我仍认为管理不是企业成功的唯一因素，但是良好的管理确实可以帮助企业建立优质的团队，以及提供"合理"（但不保证成功）的经营方针与营运方法。

离开学校后，我一直在美国公司工作，2001 年被公司派到上海，负责营运工作。当时在中国国内聘用的基层、中层经理人员大多不到 35 岁，经验不足，对管理工作认识不足。为此，我邀请当时公司在中国区的培训经理管莉女士共同开设"经理人培训"课程。2008 年我去"台湾清华大学"工业工程与工程管理系任教，在原先 20 小时的培训课程的基础上增加了数个单元和许多材料，扩充为一个学期"经理人与管理"的正式课程。授课对象以有两年以上工作经验者为主，评分则以学生提交的报告为依据。此课程先后教授过四次，每次在一个学期课程结束后都会要求学生提供对教学方式与内容的反馈意见，并依此对教材做出必要的修订，本书就是根据最后一次修订的教材而编写的。此外，同样的材料在精简后，也曾在国内外不同的企业单位讲授过。幸运的是，讲授的内容没有受到听者的挑战。

做好经理人的管理工作和管理好一个企业是两个不同层次的问题。虽然二者的实质内容有许多重叠之处，但前者的内容确定性较高，而后者问题却复杂得多，企业兴衰除了整体经营管理的能力之外，外部环境也十分重要，有时甚至是决定性的因素，所以准确地预见市场的变化与技术的革新绝非易事。

简单地说，经理人的管理工作就是"待人处事"——怎么对待别人，如何处理事务。本书的内容就依此概念来安排。本书共 9 章：经理人的角色、沟通、领导统御、员工发展、绩效管理、营运工程与管理、规划与管控、变革管理、企业文化中的共同价值观。以第 1 章"经理人的角色"作为引论，随后各章的内容着重于人际关系与人事概念（沟通、领导统御、员工发展、绩效管理、变革管理、企业文化中的共同价值观），以及处理问题的方法（员工发展、绩效管理、营运工程与管理、规划与管控、变革管理）的讨论。除了企业文化外，这些议题多半也见于一般管理教材中，本书不同之处在于：

（1）除了概念外，着重介绍过去行之有效的方法。

（2）书中尽量提供在实务工作中获取的经验，并以此解说概念与方法的有效性。

（3）从实务的角度出发，第 4 章"员工发展"介绍了一个不同类别职务（如财务人员与工程师）的评比方法，此法曾在至少两个公司应用过。此外，第 6 章"营运工程与管理"中讨论的"企业营运环境的模式"是未曾发表过的概念。

（4）许多从事管理工作的经理人缺乏会计与财务的训练，无法了解管理的运作对公司财务的实质影响。为此在第 7 章"规划与管控"里，写入了"经理财务"（finance for manager）部分，以增加经理人对这方面的认识。

（5）第 9 章"企业文化中的共同价值观"是在比较中西文化差异后，针对华人企业而写的。

（6）写作的方式力求精简，在无需特别论述的地方，直接以提纲的方式列出，读者可以将其当作核对清单使用。

我在执教时，学生在学习各章后以及学期末都需要提交报告，最后一次教授此课的报告题目列于附录Ⅰ。此外，我在台湾曾有限度地对中小企业做过调查，为了减少获取资料的困难，在调查表中，我把企业经营与管理的问题精简为 50 个左右，列于附录Ⅱ，企业可依此进行自我检测。针对调查表中每项问题，我也尝试提出最优运作法则，以供参考。

管理问题的复杂性在于：人们的经验几乎无法复制，因此依赖归纳法去找寻客观规律的路径不一定有效。即使经过严谨论证的结果，也未必能够通过未来的检验。过去行之有效的管理法则，因时空的改变，也可能失败。书中提出的概念也可能限于个人有限的经验，失之主观，甚至带有偏见。我衷心地希望读者在阅读过程中能参照自身的经验与认识，而形成自己的见解。如有赐教，请发至信箱：weminchow@yahoo.com.

我在大学一年级时，曾有一位父辈的长者提及："学管理的基础在于中文、英文与数学能力"，如今我工作多年经验的认知也是如此，不过应当再加上经济与会计两门学科。回忆我大学所修的课程，有些是无用的，有些很少用到，但是也有些让我受益匪浅，不论在研究所学习，还是在企业工作，都给了我很大的帮助，为此我特别感谢四位老师：田长模老师（开阔了我对工业管理的眼界，也开启了我对运筹学的兴趣），华文广老师（他教的管理数学成为我日后学习运筹学的基础），李登梅老师（品质管理知识伴随着我在生产工程与营运管理领域的成长），许克荣老师（大学二年级所学的会计学至今都是有用的知识，也让我在工作中面对财务相关的问题时，始终能有较清楚的概念）。

因为最初的经理人的培训是与管莉女士合作的，所以书中一些资料自然也是由她提供的。我大学同学孙世祖先生多年来担任过不同的高级管理工作，这次他帮助审阅初稿，并提出宝贵意见。在此，向他们表示衷心感谢。本书的编撰源于我在上海三年的工作经历以及台湾三年的教学经历，而这六年家中一切事务都由我太太曾俭独自承担，因此也对她表示衷心感谢。

周玮民

美国加州洛斯阿图(Los Altos, California, USA)

2017 年 5 月 4 日

目　　录

第1章　经理人的角色

把"管理"当作一门学问来研究、学习，并加以应用，开始于20世纪初，公认的两个先驱人物是美国的弗雷德里克·温斯洛·泰勒（Frederick W. Taylor，1856-1915）与法国的亨利·法约尔（Henri Fayol，1841-1925）。前者从工厂管理工作中发展出一套提高效率、降低成本的理论，著有《科学管理原理》(*The Principles of Scientific Management*, 1911)，被认为是"科学管理之父"。后者是法国的一名矿业工程师与主管，是古典管理理论（该理论也称法约尔主义）的创立者，著有《工业管理与一般管理》(*Administration Industrielle et Generale*, 1916)。法约尔从企业管理的活动中整理出管理五项功能：

（1）前景预测与行动规划；

（2）组织所需人员与材料；

（3）对所属人员下达工作指令；

（4）协调各部门工作与进度；

（5）管控各部门与工作环节，按计划如期运作。

泰勒　　　　　　　　法约尔

依此，近代"管理"可定义为：厘定行动计划，并组织、协调、管控计划中所有的（i）人员，（ii）财务，（iii）技术，以及（iv）其他资源，以达成预定的企业目标。简单地说，管理工作就是组织和指导一个公司或组织的行为或技艺。更简单地说，就是"待人处事"。

而"经理人"就是从事上述管理工作的人。待人不善、处事混乱是非常不称职的经理人。在本书中，为了行文方便与语势顺畅，有时也以"管理者"来称呼经理人。

1.1 管理工作的结构与特性

管理工作最终是要完成企业的目标，譬如：在某一期限内达到一定的营业额，或者完成一个工程项目。企业具备一定的规模时，往往需要多个单位共同参与，通过每个单位完成各自的工作以达到预期的效果，来完成企业目标。管理工作的结构可以用图 1.1 做进一步说明。

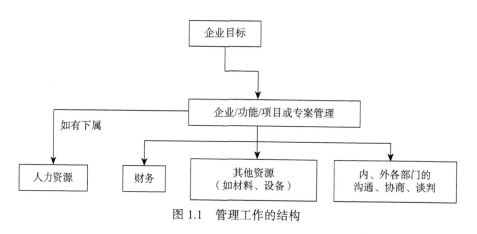

图 1.1 管理工作的结构

企业内部各单位工作的内容与管理的层次均不相同，除了最上层的管理者外（总经理、总裁、董事长、理事长），大体上可分为：

（1）项目管理 (project management，也称为专案管理)。如某一项特定产品开发或一项建筑工程。项目完成后工作就结束。

（2）计划管理 (program management，也称为规划管理)。通常包含一系列性质相同的项目，如某类产品系列的开发，或者涵盖某一项产品的开发、生产、销售，到售后服务的全部工作。计划管理可以包含多个项目管理，例如，各个单独产品属于项目管理，而产品系列属于计划管理。

（3）功能管理(function management)。属于企业内常设部门的工作，如财务、人事、工程、制造、销售等部门的管理。

不论管理工作的层次为何，都会涉及财务，以及各类所需的资源的规划与管控，并且需要通过与企业内、外各部门的沟通与协调来达到预期的企业效果。有的项目管理经理人的工作可以侧重于协调进度与控制成本，并不一定涉及人事管理，但是在大多数的情况下，人事管理却是经理人的一项主要的工作。

由于管理工作的多面性，经理人在企业中需担当许多不同的角色：

- 领导统御——领导、号令

为了达到企业目标，完成职务上预期的效果就成为经理人的责任，因而在他的管辖范围内，经理人是领导者、发号施令者。

- 人事管理——招募、教导、指导、排解、监督、考核

在管理下属方面，经理人的工作包括：招聘员工，规划/辅导员工的工作与职业发展，安排员工内部的培训，督导工作并替他们排解工作上的困难。

- 计划管控——组织/规划、号令、协调、跟踪

规划所需资源（包括人事与财务）的质与量以及使用规则，获取并分配资源，负责监管，以确保其正当使用。

- 组织发展——计划、发展、监管

为了完成目标，达到预期的效果，必要时经理人应调整或改善本单位的内部人事与组织。

- 沟通协调——沟通、协商、谈判

管理工作有时涉及跨部门作业，在这方面经理人的职责包括上下层的沟通，与其他单位的协调，甚至必要的对外谈判。

工作的多面性意味着对能力与品性要求的多面性：

- 作为企业或企业部门领导需要的是：① 熟悉业务，② 有全局性眼光与见解，③ 有以身作则的影响力(如勇气与正直)，④ 负责任，⑤ 能完成任务。缺乏担当，争功诿过（特别是攫取下属的功劳或诿过于自己的下属）都是失格的经理人。

- 成功招聘人员的先决条件是：了解业务的需要并能在短时间内（通常是面试后数周甚至数天就需做出决定，而真正用在讨论与考虑的时间往往可以短到数小时）正确地评估应聘者的资格与能力。经理人自身工作经验的积累对此十分重要。

- 要担负起员工的辅导与赞助培训的工作，需要体谅与帮助他人的意愿。此外，由于工作本身的多面性，经理人自身所具备的素养以及学习能力也是做好此项工作的有利条件。

- 为了帮助企业发展人才，除了对企业长期的需要有所了解之外，更重要的是经理人自身的胸襟与气魄，不少主管无法接受下属超越自己，因而失去或埋没了人才，这应被视为管理工作上严重的失职行为。

- 策划与管控工作需要有企业意识（business sense）、分析能力，并能组织队伍，懂得策划与管控方法（如运筹学、统计学、会计学）。经理人不一定是这方面的专家，但是应了解如何利用这些方法来达成预期的企业效果。在监督工作方面应当提倡宽容、公正，宽容是指给予工作失误员工改正的机会，公正是不姑息失误，尤其是不接受不当的作风与工作态度。

● 最后，在沟通、协调与谈判方面，除了技巧之外，主要是处理人际关系的能力，这种能力常与个人的先天禀性和成长的环境（文化背景）有关，不一定是人人可以通过后天学到的。

为了加深印象，读者可以依据自己的看法，按其重要性，列举经理人应有的特质。例如，以重要性高者为先时，可排成下列顺序：

（1）企业意识（business sense）；

（2）责任感（sense of responsibility）；

（3）领导能力（leadership）；

（4）组织/发展能力（ability to organize/develop）；

（5）雇聘/辅导能力（ability to recruit/coach）；

（6）沟通/谈判能力（ability to communicate/negotiate）；

（7）正直（integrity）；

（8）体谅他人（consideration for others）；

（9）学习能力（learning capability）；

（10）全局性的思考（strategic thinking）；

（11）坚毅（courage）；

（12）分析能力（analytic capability）。

其中第(2), (7), (8)和(11)四项直接与人的品性有关。

1.2 管理工作与非管理工作的差别

工作的性质与职责的不同决定了管理与非管理工作的差异。

首先，因为经理人处于发号施令的位置，下属会以他马首是瞻，很自然地人们就会误以为经理人懂得较多。加上人性有依附权势的弱点，久而久之形成了"权力就是知识"的错误观念。实则因为管理工作的需要，经理人花费在精进业务与技术方面的时间相对较少，反而在这方面可能落后于他人。我年轻时的主管袁纯一先生曾说过："幕僚负决策之责，主管负成败之责。"清楚地道出两者在工作职责与知识领域的差别。前者应在自己专业领域中学好业务，并能提出作为主管做最后决策依据的方案，而后者纵观全局，拍板定案，对成败负有全责。

其次，在所有的资源管理中，以人事最为复杂，有经验的管理者都知道，一位难对付的员工就可以耗掉自己大部分精力与时间，因此管理工作的大部分时间往往都用在与"人"有关的事务上。同样地，由于人的复杂性，经理人不得不面对各式各样与企业有关的"政治"问题，为了不同的原因，有人为敌，有人为友，有人为竞争者，有人想对决策有所影响，有人想阻断他人的进展，有人想争夺工作项目，有人甚至想取代他人的位置。

再者，由于市场变化，利益相关者决策不定，上下游关系企业工作进度波动，以及意外事件的发生等现象，管理工作会掺杂许多不确定因素，因而经理人常常面对的是一个模糊的前景。对非管理工作而言，工作内容就相对明确得多。

最后，与管理者相比，专业技术人员往往有相对明显的下列倾向：

- 较强的自我意识，注重发展自己在技能方面的竞争力；
- 较高的专业成就的驱动力；
- 对专业领域之外的兴趣相对低落；
- 缺乏整体策略的观点；
- 惧怕自己专业技术能力跟不上外界的发展；
- 因为对政治敏感度低，处于逆境时，有时容易把自己看成是受害者。

在处理专业技术人员问题时，经理人可依上述特点采取相应的措施。

由非管理领域转入管理工作的人在担任新工作后，往往会有不同于先前的认识，表 1.1 中所列是一些具有代表性的例子。

表 1.1　担任管理工作前后在认识上可能的差异

虚构（担任管理工作之前）	事实（担任管理工作之后）
原以为自己有很多时间来洞察事情的发展	总是诸事纷扰，似乎永无完事之时
原以为我只要做好决定，别人就会照办	时间都花费在揣测别人的需求，总是有人认为你的决定不对而想(说服你去)改变
原以为人事纠纷只是偶发事件非重要之事	似乎永远有处理不完的人事问题
原以为做主管随时能掌控情况	主管并不一定比别人知道更多
原以为经理位子能带给人声望	看来我在替每个人打工(服务)
原以为我能让下属都明白他们应做什么	他们把我教过的都忘了，而且也不具备做决策的能力
原以为只要做好工作就能得到上级的支持	从未得到想要的支持
原以为不能胜任工作者都自己明白	他们总自认为工作做的令人满意

1.3　管理术——经理人所需要的技能

从前述管理工作的特性，可以引申出经理人应具有的技能，这综合了知识与能力两方面。

1. 了解业务

包括与业务相关的发展趋势、企业在市场的地位、企业策略、营运政策、以及与工作有关的知识与资料。对一个部门主管而言，这些资料（最后一项除外）通常都可由其他部门或上级单位获取，最后一项与自身的历练与努力有关，必须通过长期的累积才能获得，强弱之分即在于此，因此尤为重要。

2. 达成目标

带领团队及时完成按目标所设定的所有任务，保证成本与质量，不断地改进部门的工作。这里涉及两个方面：计划与执行。遵照目标与可用资源（人、钱、物），规划工作任务与进度，并管控（号令、监督）资源的使用，以达成企业目标。

3. 管理团队

厘定业务计划（工作项目、所需资源、预算与进度）及管控机制（审查办法与时机），并由此界定组织结构与所需人才。

为了提高部门的工作绩效，主管应积极营造学习环境，增进团队的整体学习能力。

在聘用与培养人才方面，经理人的胸怀与知识十分重要，一个演讲者曾说过："一流经理人聘用一流人才，二流经理人聘用三流人才，三流经理人聘用白痴。"因此，管理者不可不察。能为企业培育出新的领导者才是出色的经理人。

4. 处理难题

因为管理者面对许多的不确定，有时必须对既有的工作进度、计划、组织其至政策做出相应的调整，但改变可能影响员工士气，也容易导致混乱，所以除了发挥正面影响外，经理人应让变革带来的负面影响降至最低。本书将另辟一章讨论"变革管理"。

除了前面提到的面对资讯不全、前景未卜的工作外，管理者有时必须同时进行多项工作，涵盖范围越广，责任越重，管理工作的难度也越高。经理人需要分清轻重缓急，恰当地安排自己的工作进度与资源的分配。

个人的能力总是有限制的，聪明的经理人在遇到难解的问题时，就会想到向外寻找帮助。在"重面子"的社会中，这点尤其重要，管理者应当时刻记住：排除困难、解决问题以达到预期的企业效果是自己的首要职责。

5. 领导统御

为了要求员工有效地完成工作，好的经理人都知道如何激励人心，发挥各人专长以及团队整体力量。此外，他懂得企业内各部门之间相互依存、一荣俱荣、一毁俱毁的道理，因此也不会吝啬于支援其他部门与同事。

6. 人际关系

正常组织应当是一个精简的有机体，处理好组织关系至关重要，组织的工作由人来担当，因此经理人也需要发展人脉网以利工作。除自己的权益之外，人们看重的是受到应有的尊重，所以容纳不同的意见，给予他人人格上的尊重是做人的基本修养。管理者应当能更进一步地协调各方意见，达成共识。

7. 正派行事

正派行事的重要性被许多经理人忽视。谚云："上梁不正下梁歪"，说的就是这个道理。我曾观察到一些负面的实例：某公司财务人员以少报多，为己聚财，等到总经理发现后要处置他时，他以揭发公司业务上的污点为要挟，最后所谓的处置只好不了了之。有的主管因与下属发生婚外情，而无法管控下属违规行为。也有的主管贪污后，拖着知情的下属一起下水，以公司资源共谋私利。种种不正常现象的起因都是行事作风不正，作为主管者不可不察。

根据美国 LRN (Dov Seidman 于 1994 年成立的公司，原称为 Legal Research Network，专为不同的公司或组织提供在企业伦理、经营规范、企业文化等方面的辅导与培训)的调查，有 82%的员工表示不愿替行事作风不正的组织工作。反之，行事作风正派可以产生下列正面效果：

（1）促进员工之间的联系与向心力，能够较顺利地一同跨越灰色地带（指的是可能违规也可能不违规的情况）；

（2）因为值得信赖，而增进了与客户、供应商以及相关企业的伙伴关系；

（3）避免违规成本（如政府罚款）；

（4）提升工作与生产效率；

（5）由于良好的客户关系，公司与股东长期收益得到增长。

根据图 1.1 与上述的讨论，可整理出如下结论：除了个人的行事风格与品性外，有关经理人在技能与认知方面，尤其应强调：沟通、领导统御、员工发展、绩效管理、运营管理、计划与管制、变革管理与企业文化。本书以后的各章，将逐次讨论这些题目。

1.4　绩　效　法　则

为了完成企业目标，作为领导的经理人有必要了解促进员工工作绩效的法则。虽然该法则在过去曾以不同的形式被提出，但是基本上可写成一个简单的方程式：

$$P = f(M, C, E)$$

这就是说：绩效 P（performance）是动机 M（motive）、能力 C（competence）与环境 E（environment）的函数。首先是员工有没有意愿做好工作，其次是有无能力胜任工作，最后是工作环境允不允许他做好工作。遇到不称职的员工，主管必须弄清楚这三个问题的答案，或排难、或辅导、或调职、或辞退。

帮助员工排除工作上的障碍是经理人的职责，需要鼓励员工说出工作上的困难，这些困难可以是资源、人际关系、不当的计划甚至员工的私人问题。

员工本身能力也会造成工作绩效不彰。若是短期问题，经验不足者可以辅导，技能欠缺可以培训，若是长期问题就应该考虑予以更换工作。

动机的问题可从工作态度与意愿两方面来考察。1.5 节就讨论为何人们会做他们所做之事。

1.5 行 事 动 机

美国心理学家大卫·麦克兰德（David C. McClelland，1917-1998）的"人类动机理论"把促发动机的因素分为三类：成就感、权势感与归属感。

1. 成就感（达成目的）：

（1）自己的评价：达到自我设定的高度或目的。

（2）他人的评价：得到赞赏表扬。

（3）由人们的反应了解自己：成为一个领域里的先进。

2. 权势感（影响他人）：

（1）通过自己的行为，直接造成对他人认知、思想或行为的影响。

（2）激起别人的反应去造成风气、形势或政策的影响。

（3）顾及自身利益，如名声、地位甚或其他实质利益。

3. 归属感（隶属关系）：

（1）认同某些人或某一团体，同时也被他们认同。

（2）维持关系：避免破坏关系。

（3）建立关系：和谐彼此关系。

（4）集体活动：把工作联系到社交上，通向社会化。

前两项很容易明白，成就感主要来自于自己得到的评价，有时也会因为处于一个有利而良好的学习环境中而使人乐于工作，此时学习本身就会促进成就感。权势增加了人的控制力，因此除了得到它之外，依附权势也可成为有些人的工作动机。第三项基本上是出于认同而做出与别人相同或类似的事，譬如对自己朋友或校友会的认同，而响应该个人或团体所举之事。因为出自于认同，所以维持与他人/团体的关系就变得十分重要。在传统华人社会中，有时仅仅为了遵从长辈或上级的指令而行事的情况，也可视为归属感的一种表现。

事实上，在现代社会中，好的关系成为人们获得权势的路径，而权势在相当一部分人心目中就等同于成就。经理人在促动员工工作意愿时可以从这三方面来考量，在采取相应措施时可以参考下列因素：

● 超越别人	● 起催化作用	● 重视发展友好关系
● 迎接挑战	● 急于成事	● 避免与人关系中断
● 自我完成（高水平）	● 好为人师	● 把工作联系到社交活动上
● 创新	● 喜辩解问题	● 极力保持已有的关系
● 长期职业生涯规划	● 喜说服别人	● 人先于事
● 能独当一面	● 对事立场鲜明	● 需要获得别人的好感
● 证实自己的能力	● 作领袖	● 对人体谅并愿给予支持
● 讲效率	● 主动给人忠告	● 称赞别人
● 能够与众不同	● 一旦行动，则难舍情绪，执着	● 喜欢参与或被人认同
	● 固执己见	● 不愿看到自己与人的差异

1.6　经理人的困境

经理人面对的困境一部分是管理工作本身造成的，另一部分却来自于所处的环境。

首先，因为经理人居于领导地位，方便取得资源，所以总不免会受到各式各样的诱惑，若抵挡不住外界诱惑，往往导致企业利益外送，若挡不住内部诱惑，则容易失去对内管控的能力。

其次，由于经理人能影响（甚至决定）员工的迁升与薪资，自然会受到下属不同程度的吹捧。受到唯唯诺诺的态度的侍候，对此心无警惕者，一旦习以为常，最终会养成势利骄傲的心态，从而削弱了正确判断事务的能力。等而下之者，偏听偏信而为下属所利用。经理人对下属的影响源自某种权威，最肤浅的一种是职位，这只是一种"形式权威"，并不一定能够获得别人的尊敬，可贵的权威源自于道德、知识以及能力（在第 3.4 节讨论"领导者的品质与特征"时，再作进一步的论述）。

再者，经理人多忙于行政或人事等问题，长期下来，容易错过知识更新的机会（在高科技领域尤其明显），一旦离开管理工作岗位，在专业领域就可能失去竞争力。我认识一位曾经很优秀的研究人员，从事管理工作十年之后，已无法重回研究岗位，每次改组时不得不想方设法保住经理人的位置，这样的处境在论资排辈的社会已属不易，在淘旧换新的社会就更为困难。

在组织庞大的企业里，因为管理层级较多，按资迁升的结果容易导致高级管理阶层的老化，因此有的公司会采用"快速迁升"政策，在此政策下，被看好的年轻员工就会得到快速的提升，以解决老化问题。但是弊病也由此而生，一方面提升他的主管会有意无意地进行护航，以证明自己选择的正确，另一方面，周围同事为了自己的未来，也不愿与在快速道上的"明星"搞坏关系，因此提升的途径就一路得到了保障。在快速道上的聪明者往往就学会了"少做少错、不做不错"的行事作风，尽量少做决定，少做承担风险的事。我曾见过一个有着数千人的工厂，五年内换了4个厂长，前三任都是混个资历，在任一年多后调升他任。这样培养出来的经理人，因为缺乏严格的考验与应有的历练，日后无论在决断力上，还是在做事的勇气上都可能出现偏差。若这样培养出来的人越来越多，企业覆灭当可预卜，于企业于自己都是可悲的下场。

经理人的存在意味着：他必须依靠团体来完成企业所赋予的任务，而自己则是任务的负责人。若团队能力太弱，经理人的压力就随之上升，需要花费极多的时间与精力来重组（如改组、淘汰无能者、雇佣新人等措施）与整顿团队。不幸的是，这将直接影响员工个人的利益，因而绝不会是一份愉快的工作。因此，经理人必须要在短期内处理好这个难题。

当企业退出市场时，任何能干的经理人都无能为力。根据美国企业研究院（American Enterprise Institute，AEI）报告，1955年的500强企业60年后（也即2015年）只剩下12%(60家)了。各个企业退出市场的原因不一，可能是产品的价格、质量或技术含量失去竞争力；或者是在成功后，变得因循守旧，而失去对市场的敏感度；也可能是过度扩张，以至于财务出现危机；甚至是如同硅谷的高科技公司，并无长期经营的打算，在企业成立后，找到价钱合适的买家就即刻出售。凡此种种都不是单个经理人可以轻易挽回的，相反地，在此情况下，经理人还需做遣散员工等不愉快的工作。

第 2 章　沟　　通

在人类世界里，沟通无所不在。无论是进行宣示、协商、谈判、会议、合作、教育、面试、约会、应酬乃至闲聊等都离不开沟通。其目的就是"以言语以及行动来达到希望得到的结果"。

有人说过：我晓得你自以为了解我说的话，但我不确定你真的明白我的意思。这就说明沟通出现了问题，问题严重时可以造成误解、混乱、冲突、对立甚至敌视。曾有一对恋人论及婚嫁，双方家长在了解彼此家庭背景时，女方发现男方家庭复杂，于是母亲以此提醒女儿，后者年轻，未识人际关系利害，据实以告男友，从此埋下婚后女婿对丈母娘的心结。整个过程的两个环节：母亲告诉女儿，女友告诉男友，没有人怀有恶意，但是却给对方造成了伤害。在管理或处理人事问题上，也会遇到类似的困境，因此，经理人有必要在沟通问题上多下一些功夫。

2.1　沟通的类别与责任

与企业行为有关的沟通，有对外的，例如，与政府、客户、供应商或企业相关的其他组织的来往；有的属于内部，多半与企业运营及员工活动有关。企业沟通主要的类别以及负责该项作业的主事者（列于括号内）包括：

- 报告企业或部门的状况（该组织负责人）。
- 客户服务与客户反馈（销售与市场部门）。
- 供应商培训与企业采购规则告示（采购部）。
- 企业政策与流程（各部门主管）。
- 工作协调会（项目经理人）。
- 工作改进：生产、质量、成本、绩效（运营主管）。
- 同事/经理人的会议（经理人）。
- 薪资/福利/职业规划（经理人）。
- 员工与经理人的一对一会谈（经理人）。
- 员工意见调查的启动、总结与反馈（企业或部门主管）。

为了运转顺畅，企业应于每个年度结束前规划来年的各项沟通工作，表 2.1（a）列举了某公司年度内部沟通计划的内容，表 2.1（b）包括各类沟通工作的实施频率、主导者，以及对象或参与者。例如，每一季度由总经理向全体员工作公司现况报告，报告方式视公司规模与沟通时可用的设施而定，或通过书面方式，或利用内部网络，或利用广播。报告内容如表 2.1（a）所示，包括公司的价值观与前景、企业目标、经营策略与方法等。又如，依需要可利用越级会谈的机会，让员工有机会与自己主管的上司面谈。

表 2.1　201×年度某公司内部沟通计划

(a)

项目	价值观与前景	企业目标	经营策略与方法	成功案例	人事问题	反馈	改组	规则与操守	离境管控	卫生安全环保
公司现况报告	×	×	×	×	×		×	×		
越级会谈						×				
管理人员工作会议	×	×	×		×	×	×	×		×
部门会议		×	×	×		×				×
公司全员大会	×	×	×	×	×	×	×	×	×	×
年度计划会议	×	×	×			×				
人事政策更新通告					×	×	×			
员工绩效评估		×			×	×				
新进人员训练	×				×			×	×	×
公告栏内容更新								×		×
离职会谈						×				
员工通讯	×	×	×	×	×			×	×	×
员工意见调查					×	×				

(b)

项目	频率	主导者	对象或参与者
公司现况报告	每季	总经理	全体员工
越级会谈	视需要而定	上两级主管	个体员工
管理人员工作会议	每季	总经理	总经理直属单位主管
部门会议	每月	部门主管	部门内员工
公司全员大会	每年两次	总经理	全体员工
年度计划会议	每年一次	部门主管	全体员工
人事政策更新通告	视需要而定	人力资源经理	全体员工
员工绩效评估	每年一次	员工的直接主管	全体员工
新进人员训练	及时	人力资源部	全体新进员工
公告栏内容更新	及时	人力资源部	全体员工
员工通讯	每季	人力资源部	全体员工
员工意见调查	每年一次	人力资源部	全体员工

此外，有的公司实施"开门政策"（open door policy），在必要时，员工可以要求向任何层级的主管提出意见或申诉。"员工意见调查"是另一种让员工向高层反映意见的方式，通常由人力资源部门以问卷与评分的方式搜集员工的意见与看法，资料整理完毕后，再由各级主管分别向自己下属传达与解说。问卷由人力资源部设计，由总经理批准实施。这类意见调查成功的条件在于：（i）问卷的设计能针对问题，（ii）资料处理与分析的正确与合理，（iii）各层管理（特别是高层）认真严肃的态度。

作为一个有效的管理手段，"定期工作报告"可视为一种特殊的沟通方式，员工定期（每周、每两周或每月）向直属的上级主管提交书面工作报告，报告的内容一般应包括：该期的工作摘要、完成事项、问题与障碍以及对未来工作进度的展望。除了以此报告作为工作反省与总结外，怠惰的员工也会因感受到提交报告的压力而不会无所事事。

沟通的主要目的是传递信息，信息的准确性与正当性往往与消息来源有关，根据多年前国际商业传播者协会（International Association of Business Communicator，IABC）调查报告显示，员工会从不同的地方获取企业有关的消息，依主次分别排序列于表 2.2 的第一列，有趣的是：除了自己顶头上司外，信息来源最多的却是小道消息（grapevine）。此与第三列中企业管理者所希望的排序大不相同，这就是说：如果管理人员没能正当引导，及时向员工传递信息，员工就极有可能私下传递未经证实的消息。

表 2.2　员工从不同来源获取信息量的排序（1 为来源最多之处）

实际排序	消息来源	认可排序
1	上一级主管	1
2	小道消息	15
3	员工手册	4
4	公告栏	9
5	小组会议	2
6	公司内员工通讯	6
7	年度业务报告	7
8	部门内员工通讯	8
9	大型会议	11
10	工会	13
11	新进员工训练	5
12	上层管理人员	3
13	各类视听节目	12
14	大众传播	14
15	由下而上的渠道（如与主管会谈）	10

2.2　沟通的方式

沟通行为是一个收发信息的过程，可以是"言语的"或"非言语的"，也可以是"有意识的"与"无意识的"。有效的双向沟通是具有意识信息的收发（言语的或非言语的），以此促成了解、赞同和承诺。有时非语言的沟通方式可以更强烈地传达信息。曾有一位下级主管走进自己上司的办公室说明一项重要工作可能无法按期完成的理由，此时正在审批文件的上司，头也不抬地在便笺上写了一个电话号码递给他，他拿到便笺，看后问上司："这不是厂长的电话号码吗？"此时上司才抬头看着他，说道："对啊，跟他去说，不要和我说。"结果他摸摸鼻子，回去努力完成了工作。这种方式比直接劝解或训斥有效得多。

图 2.1 对沟通的方式作了一个简单的分类：有言语的与非言语的，后者又可分为文字的、肢体的与行动的。除了广泛地应用文字之外，人们也常以具体行动来表达自己的意向，在艺术上有哑剧、行为艺术，在政治上有用脚投票、游行庆祝/示威，在管理上有跟踪追查、以身作则等，都属于此类。肢体的沟通方式有时也称"肢体语言"，包括面部表情、手势、身体姿势。曾有一个营销人员在与客户会面时花费了许多功夫，终于得到客户的认可并同意签订合约，就在签字的前一刻，坐在椅子上的营销者（也许觉得终于可以拿到合约了）不经意地做了一个举手伸腰展腿的动作，但这个放松身体的举动却引起对方的疑虑，客户即刻表示还要再作考虑，合约就此被搁置了。

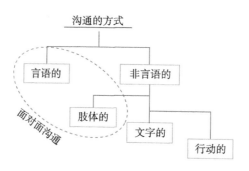

图 2.1　沟通的方式

在面对面时，总是言语与肢体的方式并用。运用言语沟通时，除说话用的词句外，语势声调尤为重要，好的演说者都知道如何利用手势以及语势声调来增加演说的效果，说到亢奋时，甚至仅凭声调就能激起听者的情绪。

最后，在说话内容的表述方面，可以是语言的直叙，也可以是统计数字、图形、一则故事或者是这些表述方式的混合。经验显示：在给人印象深刻的程度上，故事与图形引起的效果胜于一般词语与统计数字，而数字又比词语更具有说服力。

2.3　沟通的技巧

顺利的沟通工作必须基于三项原则：

（1）态度真诚——开放和坦率地表达自己的所知、想法、感受和需要；

（2）尊重对方——尊重并体谅别人的想法、感受和意见；

（3）分担责任——进行双向交流，着眼于正面的、能令双方满意的结果。

但是仅仅有诚意与互惠的精神，并不能保证有效地达到沟通的目的，参与者还需考虑沟通的技巧，读者可以下列提示作为参考：

（1）能透视问题，让传递的信息能引起对方的共鸣，或忆起类似的经验，或联系到现实世界（会谈时常用的方式：寻找双方共同兴趣，以打破沟通的藩篱）；

（2）表达对对方的关注，表示对沟通内容及行为的积极兴趣，在姿态上，让对方了解自己已做好沟通的准备（譬如眼神的关注）；

（3）主动聆听对方，在适当时机回应自己的感受，诠释对方谈话中的重点部分，总结谈话内容以确认双方的彼此了解；

（4）深入地发掘信息，展开相互讨论。提问时着重于可深究的问题（open-end question）——这类问题可引发随之而来的更深入的问题。避免封闭式的问题（closed-end question）——得到答案提问就结束，这类问题的典型就是：答案只有"是"或"不是"，而无从深究下去。

前述第一项是要有效地传递信息，第二、三项是鼓励对方提供信息，而第四项则是有助于获取更多的信息。下面我们就着重于讨论聆听、反馈与提问。

2.3.1　聆听

不同于一般听闻，"聆听"是主动地、带有自己的意识地听取别人表达的内容。除了可以增进对事物了解、记忆与学习外，聆听也是对言者表示兴趣与关心的一种方式，在某些情况下，聆听意味着默许与鼓励，因而也可以促成行动。

听闻是与生俱来的本能，而聆听往往需要一些方法与技巧，而且是能够加以训练的。常用的技巧包括：

- 确定自己准备要听；
- 专注主题，提可深究性的问题：（ⅰ）促使对方思考，（ⅱ）必要时可续问；
- 以缄默来引发对话者发言，以提供更多信息；
- 眼神接触，以表达意图把自己开放给说话者；

- 重复言者所说的话，以此加深自己印象，并让对方确定自己的了解；
- 诠释说话者主要的内容，赋予谈话的意义；
- 用自己的话重复言者之意，并表达自己感受；
- 时而把听到的重点作一番整理，用总结的方式来确定双方在说同一件事。

相反的，许多行为也可成为听闻的障碍，现列举如下以做参考：

- 对言者无反应；
- 一边听一边做其他的事，因而降低、甚至打消对方说话的兴致与意愿；
- 做白日梦或者在想其他事情，而非聆听；
- 带着情绪或偏见，有选择性地听；
- 专注挑言者的弱点；
- 言者话语尚未结束，就开始准备诘问或过早地下结论；
- 只听自己想听的；
- 对言者立场作未经求证的假设；
- 听到自己不同意的地方即刻打断对方；
- 使用非恰当的表情与姿态（如：看往他处，不耐烦的表情）；
- 忽视言者非言语的表达部分（参阅第 2.2 节）；
- 只听其叙述，不管对方的情绪；
- 缺乏眼神的关注；
- 不合适的听讲环境（如：太多噪声，公共场合谈内部的事）。

读者可以根据上述列举作自我检查，重点总结几条，加以练习，以改进这方面的能力。

2.3.2　反馈

"反馈"是对一个行为或提法的回应。善用这种手段的经理人，可以此帮助员工进步提升，促其：

- 专注工作重点，引起对工作的兴趣；
- 保持正确的行事方向；
- 稳步地改善工作；
- 在不影响自身工作质量下，扩展职责。

达到这些目的的手段有如下四个：

（1）强化——以鼓励代替批评，指出工作成果中的优点与强项，并进一步为员工寻求发展的机会。

（2）指导——以辅导代替批评，着眼于未来，指出哪些是对企业具有价值的行为，并帮助员工将之纳入工作中。

（3）批评——指出工作缺失并改进。批评作为一种手段，但毕竟是忠言逆耳，应谨慎使用，尽量少用；用时仅限于严重情况，不要说得太多；提出批评前，可以考虑先寻求听取第三者观点，以求客观公正。

（4）缄默——让员工自己感受周围的反应，察觉别人对他的印象。此手段通常用于非重要的事，对自觉的员工比较有效。

经理人对员工的反馈应当是一个经常性的行为，不应是心血来潮之作，如此员工才会对此有所期盼，而认真对待。此外，在给予反馈时，有几点需要注意：

- 首先，应检查自己的动机：是为了帮助员工，还是为了指责他人；
- 使用正面、有帮助的语调；
- 对事不对人：注意自己的言论，不搞定性，不作评价；
- 反馈的时机应选在事情过后不久，而彼此心态平静的状况下进行；
- 若有批评时，专注于最重要部分，指出期望的结果与实际的差距；
- 明确而具体地指出工作缺失带来的影响与背后的意涵；
- 一切反馈应具有建设性与时效性，不提无用的主意，也不做事后诸葛亮，只提行之有效的意见，避免随意发挥。

2.3.3 提问

在管理工作中，"提问"占有重要的地位。提问除了用来获取资料外，也表示提问者对谈话的兴趣，因而促进了双方的交流。恰当的提问可以帮助澄清、评估、判断事态、表达关切，可以刺激（双方）思考，甚至可以用来控制场面，聪明的会议主持者就会利用提问的方式来引导讨论的方向。

不同的提问方式可以达到不同的效果：

（1）封闭式——有时问者想尽快作结论时，会用此方式，答案通常限于"是"与"否"。

（2）开放式——让回答者能自由发挥的提问法。例如，你对某事的看法？

（3）直接式——问者直接切入主题，问答之间皆依特定的事实而进行。

（4）探问式——随着前面问题，续问出更多的资料，这种问法往往需要事先设计。

（5）假设式——利用假设的情况，引出有创造性的回应。例如，在此情况下，你会怎么做？

2.3.4 沟通的障碍与冲突

冲突常来自于工作环境的影响、人际关系的障碍与文化的差异。文化的问题源于种族、信仰、社会以及各自的专业训练。差异经常表现在语言、风俗、习惯、信仰、既有的定见（偏见）等上面，并由此形成聚同排异的现象，从而阻断了沟通的渠道。譬如，在讲面子的社会里，直率的谈话容易伤及对方感情；又如，做错事情时，中国人常以"傻笑"来掩饰自己的尴尬，然而在许多西方人眼里，做错事反而笑是无法理解的行为，甚至会被认为未能严肃对待自己的错误。企业内不同部门之间也可能存在沟通问题，常见的是工程部门与市场部门之间未能进行良好的沟通，因而提供了非市场需要的产品给营销部门，反之，市场与营销部门不了解工程技术，因而提不出产品的要求。某公司（已不存在）的医疗设备部门在新产品上市后，仅卖出两台签有售后服务合同的设备，但是经过三年销售未增长一台，为了售出的两台设备，还要维持服务团队以及零备件，以备维修之需，最后只能以更高的价格向客户买回设备，再关闭服务部门与生产线，其主要原因是从一开始部门之间就沟通不良。

人际关系的问题主要来自四个方面：

（1）差异：包括认知不同，观念分歧，执于偏见，甚至敌视。

（2）信任：彼此陌生，无认同感，过度自我维护等，都会造成对人缺乏信任。

（3）知能：言语障碍，定论草率，缺乏了解对方的资料，缺乏处理人际关系的经验。

（4）利益：利益冲突与对立，除资源与钱财外，利益还包括信誉与权力。

工作环境造成的障碍很多，有的与工作有关，有的与人有关。现列举如下以供参考。

与工作有关的团素包括：

- 双方在企业内部地位的差异；
- 沟通使用的工具（电话、传真等）；
- 工作量影响沟通的频率与细节程度；
- 工作压力与时间的限制；
- 地区与部门文化；
- 双方的专长训练造成沟通困难；
- 企业内部的俚语；
- 企业内部的设施造成的影响（如：办公室的布局过于分散）。

与人有关的因素包括：

- 个人问题；
- 身体状态；
- 情绪状态；
- 双方的供需关系；
- 人我的感受；

- 语调的变化与缓急给对方的印象；
- 用词不当；
- 肢体语言。

冲突的发展过程一般都是分阶段地由低度走向高度，因此，如果不能及时认识冲突，并予以处理，就可能造成不可收拾的局面。其过程往往是先从某些人对某事的关注而形成一个议题，再经过一番酝酿成为意见，等到有足够的人赞同此议，而另一些人持不同意见时，派系就此形成，然后冲突就可能跟着发生。这个过程可以由图 2.2 来表示。

引起关注 ⇒ 议题形成

⟶ 问题讨论 ⇒ 意见（成见）形成

⟶ 公开异见 ⇒ 认同（派系）形成

⟶ 发生冲突

图 2.2 冲突发展的过程

从图 2.2 的描述中可看出，在冲突发展过程中，越近晚期，意见越定型，牵涉人也越多，因此处理起来就越困难。处理冲突时可考虑下列步骤：

（1）弄清冲突问题的本质。

（2）决定引起冲突的因素，如涉及利害的相关人物及其背景。

（3）界定冲突发展到何阶段。

（4）采取相应的解决办法：如在初期阶段，也许只要通过与少数人对话就能解决，到了后期，可能要进行冗长的谈判，甚至通过政策立法才能平息。

2.4 改进沟通的策略

了解了沟通的重要与可能产生的问题后，本节就考察如何改进沟通的能力。经验证明下列诸条是一些行之有效的改进策略：

- 由自觉开始。改变常常是先从认识自己的不足开始，否则极易失去改进的动力；
- 增强语言能力（用词、语气、声调），以此掌握好沟通的基本工具；
- 留意自己的行为，以及他人的反应，以了解自己行为的恰当性；
- 请求反馈意见，以了解沟通的行为是否有效（见第 2.3.2 节）；
- 进行沟通模拟实验，如同事间的问答（这是作谈判或辩论准备时常用的方法）；
- 了解肢体/语言的模式，以增强沟通效果（见第 2.2 节）。这方面与习惯用语有关，譬如，在对话中，如同意一个否定问语时（例，Don't you understand? 你不了解吗？），用英语回答时，应用否定词（No 以表示 I don't understand），而中文却可以用肯定词（"是"表示同意对方，自己不了解）；

- 检验自己认知是否符合对方所传达的信息（见第 2.3.1 节）；
- 以同理心来做回应，让对方感受到被理解；
- 学会表达自己的感受；
- 了解文化差异（见第 2.3.4 节）。譬如，华人多半讲人情面子，相互交往时，往往会避免直接冲突对抗。西方人说话时，看见对方点头，就会认为是赞同之意，可是东方人的点头，却可能只是表示"我听到了"而已，并无赞同之意；
- 增广见识，以提升自己的理解力与成熟度。

第 3 章　领 导 统 御

"领导"是指：通过对组织成员的影响过程来共同完成组织以及每个成员的目标。请注意，这里说的是"影响"，是偏于柔性的，而非强制与胁迫。对一个经理人来说，领导的重点不在于自己身居现场时员工的所作所为，而是自己不在现场时员工的自发行为。从此意义上来说，领导者与下属之间是一种"伙伴关系"——在前者引领与支持下，后者协力工作，双方互相帮衬，朝向同一目标，完成任务。

因为领导的对象是"人"，所以任何讨论必定是基于对人性的某些假设（即或论者并不自知自己假设）。本章的论述基础是：

（1）只要有机会，人们会有意愿，同时也能够自我发展；

（2）人们通过参与和交流得到发展。

前一条说的是：人有求好向上的本能；后一条是说：在群体中的自我发展需要参与活动，并与人互动。下面就从领导的基本概念谈起。

3.1　领导的类别

从风格上来说，有四种领导方式：

- "成事性领导"注重成果

这类领导方式以完成当前任务、达到目标为优先，相对较少顾及其他考量。

- "有效性领导"注重（长期）效果

会顾及人们的工作态度、承诺和感受，因为这些因素可以引导员工（领导者不在场时）自发自动完成任务。这类领导会注意到：员工对工作和领导者是否持有正面的态度，是否愿意承担责任，组织内部人与人之间是否互信互重等问题。

- "管制性领导"做出决定后下达指示

采用这种方式时，推动工作的动力是基于组织赋予经理人的权势。经理人需要对如何完成企业的目标作全盘考量，然后对下属宣达指示，晓以道理，委派工作，进行督导。

- "促动性领导"与部属共同做出决定

在集体参与下，通过讨论达成共识，在此过程中，经理人应适时提供必要的辅导，以顺利做出共同的决定。员工的参与提高了对工作的积极性，经理人也因此可以放权给员工去完成工作。

　　归纳这四种方式，总结于表 3.1。其中成事性与有效性都是以工作成果为目的，前者看重当前，而后者更多为将来打算。另外，管制性与促动性是以决策参与者的身份来划分，管制性的领导风格偏重以主管的意志为主导，因此更适合于带领新进或缺少经验者，反之，就应考虑以促动性的方式来领导下属。虽然有这些分类，能干的经理人往往因情势的不同采用不同的方式。

表 3.1　领导的类别

成果导向	决策导向
成事性领导	管制性领导
–目标驱动	–适用于年轻机构
–着重员工的贡献	–针对工作经验较少的员工
有效性领导	促动性领导
–前景驱动	–适用于成熟机构
–着重员工的能力	–针对工作上自发自动的员工

3.2　领导与管理工作的差异

　　领导是评判管理工作时的一个要素，管理者都应当在领导艺术方面多下功夫，但是领导与管理工作还是有区别的。领导工作具有较多的前瞻性，因此对未来前景、价值理想与企业目标方面投入更多的关注，在促使员工完成工作任务时会更多利用引领与激励的手段。反之，管理工作对完成当前的任务有更多的迫切感，所以在管控的氛围下帮助员工解决问题、排除困难就成为管理的必要工作。二者的差异见表 3.2，以作比较。

表 3.2　管理与领导工作的差异

管理工作	领导工作
工作驱动	价值驱动
专注于目前工作	专注于目的
把握当下	前瞻未来
以解决问题为工作动力	以企业前景为工作动力
解决困难	处理变革
调配资源完成预期效果	依切实的企业方案来设定方向
以组织力量完成任务	通过组织运作程序，促使员工做该做的事. 能承诺完成任务
通过管制与解决问题的方式来完成工作	提出新的理想，促使/激励员工去实现

3.3　对领导者的要求

事实上，在企业内许多工作都会涉及领导、管理与技术层面，只是这三者的比重不同，图 3.1 用一个示意图来比较工程师、一般经理人员与高阶管理者的工作内容中技术、管理与领导的比重关系。图中三块长方形的面积分别代表了技术、管理与领导层面的工作量，两条虚曲线分隔出这三种职位的工作内容，高阶管理（其工作在这三个层面的比重显示于右上曲线的上方）工作中的领导比重多于一般经理（两条曲线之间），而后者工作中的领导比重又多于工程师（左下曲线的下方）。

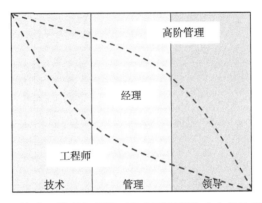

图 3.1　技术、管理与领导工作在不同职位中占的比重分布

不同于许多其他的工作，领导工作有其独一性，且特别表现在下列几方面：
- 具大视野，清晰的理想与价值观；
- 未来导向，战略性的考量；
- 鼓舞人心，促动他人为共同目的而工作。

领导与其他工作也会有重叠性。最常见的情况是："战略—战术"（strategy-tactics）的交叠，譬如，"设定企业目标—厘定工作任务"，前者属于战略范围，后者偏重于战术范围。又如，"宣导价值观—决定工作优先顺序"；"提升业绩—改善过程"；"技术创新—整合专门技术"；"加强客户关系—客户所在地的营运政策"。一般说来是先有战略的考量，然后才有战术的厘定，但是两者之间的分际并非永远是清晰的。此外，在上级属于战术的部分，也可成为下一级的指导战略。以前述最后一例而言，其中由上往下的三层次序可写成：提高市场占有率—加强客户关系——客户所在地的营运政策。

具体地说，除了当前的任务之外，领导工作尤其需要着眼于未来，因此必须要具有前瞻性与策略性。其次,领导的艺术在于促动员工自发自动,挑选合格的员工,激发员工的责任感,也是对领导工作的要求,构筑前景、宣示策略、鼓舞士气、激励人心等工作都要通过良好的言教(沟通)与身教(以身作则)来完成。对领导的要求可以总结如下:

- 视野不为现状所限(远见);
- 调适心态并采取必要的行径(策略);
- 挑选适合的人选(组织);
- 唤起人们的责任感(促动);
- 进行有效的沟通(沟通);
- 表现完整的人格(品格)。

3.4 领导者的品质与特征

在一个组织里工作的人们,通常会有四种基本的要求:首先,同事间与上下级之间的信任感;其次,有清楚的方向,并且能感受到工作的意义;再者,能有一个使人乐观的前景以及有希望的未来;最后,可以及时见到工作的成果。 这些需求决定了人们对领导的期望。

根据库塞斯(James Kouzes)和波斯勒(Barry Posner)大规模的调查(在全球范围内的调查对象超过 75000 人),人们认为被自己仰慕与信任的领导,所应具备的品质与特征合计起来高达 200 项,然而其中只有下列四项被超过 50% 的人认同:

(1)待人处事有诚信(honesty);
(2)具有前瞻性的眼光(looking-forward);
(3)能激励人心(inspiring);
(4)有才能(competence)。

其中第一项“诚信”被提到的次数明显高过其他三项。诚信是得到他人信任的第一要素,人们在死心塌地跟随一个领导之前,首先想到的是领导是否值得信赖。信赖可基于多重因素:能力、行事的一致性,对他人的关怀、真诚与坦率。最后两项尤为重要,与之相反的是虚伪和花言巧语。

既然是领导,就必须知道自己团队应走的方向。例如,行进的方向将通往何处?前景看来如何?如何知道已达到了目的地?到达目的后能带来什么正面效益?对这些问题答案的描述是激励员工的重要手段,依此他们能了解到工作的意义以及可能产生的影响。反之,无法激起人们对工作的热情,就很难持续保持工作的高绩效。柯林斯(Jim Collins)在他的书 *Good to Great* 中曾提到过有关在 20 世纪 60 年代与 70 年代的越战中,美军作为越南俘虏的故事,那些对被释放抱有不切实际想法者,往往死于战俘营中，而那些相互鼓励，并坚信终究可以走出去的活了下来，最后等来了释放。由此可见正确看待前景（没有不切实际的幻想）的重要性。

领导者可以让下属明白工作的价值，建立团队成员的互信，并让人对前景抱有希望。然而如果领导者无法带领团队完成任务，不能达到预期的工作效果，那么前述的价值、互信与希望都将变得毫无意义。无能的领导不会得到下属的尊敬，因而难以组织有才能的团队。反之，优良的团队，极少会有（或接受）无能的领导。

当领导品质符合前述的员工四项要求时，那么正如表 3.3 所示：整个团体就能持续发挥力量，完成任务。

表 3.3　领导品质与员工要求

组织要求	当领导是……	对团队可期待的结果
信任感	讲诚信的	行为上的可靠性与一致性
工作意义与方向	具前瞻性眼光的	远见与工作热忱
希望与乐观	会激励人心的	努力完成任务
工作成果	有才干能力的	具有信心，勇于承担

3.5　因 势 领 导

"因势领导"不同于一般所谓的"领导风格"。所谓风格是长期以来为他人感受到的作风与行事方式，而前者指依情况不同而采取不同的领导方式。研究证明：如果主管具有因势领导的风格，那么员工会：

- 感受较少的压力；
- 倾向接受新的事物与观念；
- 觉得主管关心他们的发展与前途；
- 认为主管是有才能的；
- 有较高的士气；
- 感到自己被授权行事。

然而，有效的因势领导必须要能够对员工的状况做出诊断，然后针对需要提供适当的指引与帮助。员工的状况是指他们的性格、心态、技能、经验、所处的环境以及周围的人际关系。做诊断依据的关键问题在于：

（1）具体的目标或工作为何（知道该做什么）？

（2）员工的工作技能与知识如何（有能力去做）？

（3）员工可提供给他人的技能与知识如何（对他人的价值与影响）？

（4）该员工的工作态度（包括动机、兴趣与热忱）如何（有意愿去做）？

（5）该员工的信心与自信如何（安心去做否）？

通过这些问题的答案可了解员工的优劣势，从而提供给员工发展的引导与助力。在这方面的考量主要有两个："技能"与"承担"。承担意味着动机、意愿、勇气、信心与毅力。

因势领导的特点是针对员工当前所处的发展层次来提供帮助。对缺乏经验的新鲜人，遭受挫折的失落者，历经沧桑的世故者，或者技能与心智都较成熟者等，都应有不同的对待。表3.4列举这四类员工（分别以L1，L2，L3和L4来表示）的特征。一般来说，在技能方面，新鲜人最低，失落者次之，成熟者最高，世故者的经验比较丰富，其技能也高于前二者，但是对工作的承担却缺乏稳定性，而不够可靠。失落者承担责任的意愿远低于新鲜人与成熟者，前者是初生之犊，不计利害，而后者是出于心智稳定的责任心。

当员工在技能与承担上显现出不同的层次时，作为领导的经理人对待他们的方式也相应各异。如表3.5所示，四种领导方式的内涵有的属于"指令式"的（直接下达指示或提供资讯），有的属"后援式"的（在需要时提供支援与便利）。这二者比重的差异形成了不同的领导风格，表3.6总结了针对不同发展阶段的员工应有不同的领导方式。

表 3.4　员工发展的层次

L1 新鲜	L2 失落	L3 世故	L4 成熟
• 对未来抱有期望	• 感受过多压力	• 有自己的要求	• 对事有合理的信心
• 无经验	• 不知何去何从	• 小心谨慎	• 能有持续表现
• 好奇	• 灰心	• 多疑多虑	• 激励向上之心
• 新手	• 丧失操守	• 有能力	• 有专长
• 乐观	• 有挫折感	• 能做出贡献	• 独立自主
• 工作的兴奋感	• 对未来有困惑	• 无安全感	• 有自信
• 渴望成就	• 受过打击	• 犹疑不定	• 有成就
• 热忱	• 无持续表现	• 对事漠不关心	• 自发自动

表 3.5　四种领导的方式

S1 指示	S2 辅导	S3 赞助	S4 委派
• 明订	• 询问	• 询问/听闻	• 给予空间
• 规划	• 解说	• 肯定	• 确认
• 导向	• 引导	• 提供解决问题的便利	• 放权
• 教导	• 反馈	• 协作	• 肯定
• 监督	• 鼓励	• 鼓励回馈	• 感谢
• 评论	• 称赞	• 奖赏	• 挑战

表 3.6　对不同发展阶段的员工应有不同的领导方式

考虑因素	L1 新鲜	L2 失落	L3 世故	L4 成熟
技能	低	有一些	相当程度	高
承担	高	低	欠稳定	高
领导风格	S1 指示	S2 辅导	S3 赞助	S4 委派
指令式	高	高	低	低
后援式	低	高	高	低

在员工的发展（提升技能与担当的能力）过程中，作为领导的经理人应当与之结为"伙伴关系"：达成共识，依其变化而采取恰当的方式，帮助他们完成自身（发展）与公司（经营）的目标。

不论采取何种领导风格，其最终目的是促动员工完成任务，促动方式有正面的（如利用影响力），也有负面的（如惩罚）。应当注意的是：负面方式处置不当时，可能造成严重后果，必须审慎用之。本章下面各节着重讨论正面的方式：影响、辅导、授权、委派，以及团队管理工作。

3.6　利用影响力

在人与人的交往中，总会彼此影响，而或多或少地改变了自己的思想和行为，正是所谓的"近朱者赤，近墨者黑"。经理人在带领下属时，尤能够在这方面发挥力量。

影响他人的方式可分三类。

第一类是比较直率的做法。典型的表现为：主动向他人表述自己的意见或构想；若对方无反应，则继续试探，直到得到反应为止；若是意见未被接受，则设法提出更多理由，寻求对方支持；听取对方意见后，也可试图加上自己的看法，以影响对方的想法；若别人的提法出错或在逻辑上有问题，会即刻指出，企图加以纠正。

第二类以探察与诱导为主。为了探究一个人的主意，会用不断提问的方式以图全盘了解；鼓励别人发表问题的解决方案，如果意见合适就给予支持；当自己意见未获采纳时，会注意倾听并积极地了解差异所在；总结讨论的结果，强调共识部分，并指出未决的议题；或在已有腹案的情况下，并不急于发表己见，还是愿先听取别人意见；无论有无议题，都愿意花费功夫去建立人际关系。

第三类是用冷静态度给人我双方留下回旋的余地，以期最后完成工作任务。在意见不同时，不急着推销己意；讨论中若有两人意见相左，通常会先做旁观者，经过思考后再做出反应；讨论过程中，若发觉对方开始为自己辩护，则设法中止讨论，以免陷入不必要的争论；情况绷紧时，常能以幽默的方式转移话题；只要不损及目标的完成，就尽量避免回应任何对自己的批评。

对这三类影响他人的方式，依其特点，可以总结如下：

1. 推动

（1）告诫对方，使其了解自己的想法。

（2）以理说服，提供可以令人信服的资料。

2. 牵引

（1）寻求共同利益，吸引对方。

（2）倾听对方意见，给予支持，并参与其活动中。

3. 规避

（1）在有负面情绪时，暂停互动。

（2）走出死巷，另辟路径，作为新的起点。

成熟的领导者会依情况与对象，而混合采用这三类方式。有时因为偏重其一，就会给予别人不同的印象。然而在希望有效地运用自己的影响力时，经理人必须注意的原则仍是："以身作则，认真对待"。用通俗的话说就是："设榜样，玩真的"。

3.7　辅　　导

辅导是为提高工作绩效而进行的对话与互动，通常是一对一的互动。进行辅导是为了让员工能审视自己的行为，设定应完成的具体工作以及执行任务的路径。辅导的前提是：诚心诚意地帮助员工达到较高的工作绩效与发展。虽然辅导的必要性多数来自于当前的问题，但是在采用的方法上，因不同的情况而异，有的着眼于解决当下的问题（短期），有的为了提高工作绩效（中期），还有的却是辅导员工、培养技能（长期）。

1. 解决方案

首先清楚地界定问题，经由与员工的讨论，一起罗列各种可能的解决方案，并逐个加以评估，在获得双方同意后，促其实现。

2. 绩效管理

指出问题或需改进之处，提出建设性的挑战，列出应当改进之处，促使改进。经理人必须让员工了解到"改进"对员工本身的益处，提高工作绩效能造就企业与员工双赢的局面。

3. 人员培育

提供学习的机会与资料，让员工了解提高技能的重要性，培养员工使其获取更高的技能。在这方面，若能列举一些成功的前例，对员工会是很大的鼓舞。在 IBM 公司研究部门，曾有一个位高中毕业就开始从事基层工作的员工，他利用公司提供就学资助的机会，在附近的佩斯大学（Pace University）一路念到计算机博士学位，从此开始了他在计算机研究领域的工作。

有效的辅导是以有效的沟通为基础的。领导者首先应对员工澄清目标、工作急缓和要求标准，在了解对方的想法后，才能开始厘定恰当的辅导工作计划。在此过程中，应创造机会让员工参与到规划工作和解决问题中，在员工取得显著进展时，对其表达谢意，加以鼓励。

辅导工作也是一种影响力的运用，采用的方式应以"牵引"为主（见第 3.6 节）。领导与员工并非师徒关系，而是如前所说的伙伴关系，因此必须正视员工的观点，顾及他们的想法，下面所列辅导工作要点可为读者提供参考：

- 注意辅导的时机。在有意愿学习的情况下，人们学习的效率最好。
- 了解员工习惯的学习方式，适当的学习方式可起到事半功倍的效果。
- 平等诚恳地对待员工，避免教训口吻。
- 使用易寻易懂的资料。
- 联系自身的经验，更能深刻地描述情况。
- 根据实际经验提出行为模式。
- 以行动证明效果。
- 给予时间，进行观察，反馈观察所得给员工。
- 及时汇报辅导工作中的结果，检讨有效及无效的行动，以便采取相应的对策。

3.8 委派与授权

尽管前面讨论的领导方式有不同的风格，但是靠监管员工来提升绩效不是有为的领导。相反地，领导者可以让思想成熟且工作干练的员工放手去做，这里介绍两种办法：

（1）委派——把自己一部分工作权力赋予某一下级人员（如：委派代表出席会议）；

（2）授权——赋予某人/某单位合法权利以完成某项工作（如：授权某人负责专案项目）。

委派成功的关键是能够在恰当时机，为切要的工作选择适合的人。选择的考量在于：

- 是否具备相关的技能；
- 能接受挑战到何种程度而无太高的失败风险；
- 受委派者成长发展的机会如何。

委派工作不是简单地由上级交付下级，应当考虑到如何让此项委派使人接受。吸引人的工作必定是能让从事者感受到：有一定的挑战性而又有较高的成功机会。如第 1.4 节中绩效法则所示，除了从事者的能力外，成功还有赖于意愿与环境，针对委托工作而言，从事者的意愿源于：

- 工作有可预期的结果；
- 能及早圆满完成任务；
- 对工作的兴趣与挑战性；
- 工作/职务能引人称羡；
- 能得到赞可与奖励。

属于环境部分包括：

- 被给予的权限与资源；
- 得到的支援与帮助；
- 能得到即时的反馈与指引；
- 外部环境是否有利。

在企业处于弱势时，外部环境常常是决定成败的因素。熟悉中国近代史的人都知道蒋介石的夫人宋美龄女士曾分别在对日抗战后期以及国共内战时期，两度访问美国寻求援助，第一次极为成功，第二次以失败收场，两次委派任务相似，但是结果不同，其主要原因是环境改变了。

根据受委派者的条件以及工作本身的重要性，委派时允许的权限可以不同，可委以全权，部分权限，也可以规定某些特殊项目必须在批准后才能委派。

不同于委派的分权行为，授权是赋予合法权利去完成任务。授权的同时，必须赋予相应的职位与权责，工作所需的资源、资料与信息。基于权责相当的原则，授权后，接受任务者必须承担起完成任务的责任。尽管如此，作为领导者不应以为授权后，就可放下领导的职责，对事不闻不问。正如第 1 章所言，终究是主管"负成败之责"。

委托与授权是培育人才的有效办法，然而却是许多缺少自信的领导者所不愿也不敢做的事。我见过好几个这类的经理人，有的是为了把握一切可以亮相的机会，尽量自己出席各种活动；有的是要稳固自己的位子，凡事都要下面报告，甚至安插亲信打小报告；有的是怕自己的下属日益强大，故意阻碍下级正常工作；有的是想垄断资讯，独自参加大小会以及对上级的简报，但是从不向下传达所见所闻。这些行事背后的原因可能不尽相同，相同的地方是：格局太小，没有一个是称职的领导者。

3.9 团 队 管 理

有人说过："在带领一个四人的队伍时，团队是第五个管理对象。团队有他自己的生命与需要被了解的特性。"（参阅 John D. W. Beck and Neil M. Yeager，*The Leader's Window*，John Wiley & Sons，Inc.，1994）。要了解这个说法并不困难，只需考量人们如何描述团队的成绩或目标，就能明白为何团队管理有别于各体员工的管理工作。下面列举的各项目标或任务都与团队的整体性有关：

- 完成团队任务；
- 提升团队精神与信心；
- 建立良好的企业文化；
- 提高/扩展工作上互补的技能；
- 重塑企业过程（business process re-engineering），提高工作效率与质量。

因此团队管理是领导者不可忽视的工作。他必须要能够警觉到问题的存在，找出原因，设法纠正。提升团队力量的主要障碍包括：

- 无方向感——团队成员不知何去何从；
- 逃避责任——不敢负责任，导致不做不错的行为；
- 缺少后援——没有背后的支撑，团队工作就常会后继无力；
- 关键技能不足——缺乏相应的知识或行事的能力（如规划、执行、管控等）；
- 内斗——部门主管之间、同事之间为了各自利益而勾心斗角，所谓利益可以是权势、名声、迁升甚至个人意气（企图压倒对方）等；
- 互不信任。

排除这些障碍，提升绩效，完成任务，固然是领导者的职责，但不是每个问题都能在短期内可以去除的。如果组织规模较小，任务明确，只要明确了团队目标就可有效地解决"无方向感"的问题，否则可用培训方式逐渐改进；"责任问题"可以绩效考核方式处理；"缺少后援"时，领导者应反躬自省，是自身问题，还是组织规划的问题；若是"技能差距"过大，培训可能就不是短期能见效果的方式，在这种情况下，换人可能更为切实。

与上述各类障碍比较起来，"内斗"与"互不信任"已经属于企业文化层次的问题了，因此也很难快速解决。许多企业希望通过"内部竞争"提升工作绩效，甚至同一项目采用两种不同方案，分别由两个不同的团队来执行，然后在势态较明确时再择其优者而从之，从逻辑上来说这并不是一个坏主意，然而有时会事违人愿，竞争的结果导致无所不用其极的局面，同事之间的和谐被破坏了，脚踏实地的让位于夸夸其谈的。因此，在采用内部竞争的政策时，领导必须管控好这些问题。另一种内斗发生在缺少管理经验的小企业（尤以华人企业为然），朋友之间合伙时，常碍于情面不好直截了当地谈论利益，在初创阶段，未见盈利，大家可以相安无事，共同打拼。等到事业小有成绩，因为当初责任与利益从未谈清楚，所以就容易产生互相计较与猜疑之心，而进一步发展成为暗斗，情况严重时，甚至可导致破局。在规模较大的企业，内斗常见于争权夺利。我曾亲历一家公司甲、乙两个副总裁争夺总裁的位子，甲方使的手段是拉帮结派，打击对方干将，设法抵制（至少是不支持）对方的工作。其实使用负面的手段是极不高明的做法（一个正常的董事会不太可能选择有破坏性者掌管公司），倘若能反其道而行，为了顾全整体利益，愿意帮衬对手，在其困难时主动介入，把事情做好，这样在维护企业利益的同时，又证明了自己有更多能量处理好本职工作以外业务，这一正一负之间，哪种角色才是总裁的人选就很清楚了。所谓"宰相肚里能撑船"，应该也从这个意义上来了解！

在一个充满高度信任感的团队里，成员们更愿意提出自己创建的想法（不怕别人剽窃自己的主意，也无需顾忌被人笑话或妒忌），敢于放胆做事，愿承担错误，并从中汲取教训，因此整个团队往往会有超常的表现。

我们对人有信心，通常是因为此人真诚，肯负责任，而且有能力把事做好。为了建立互信，领导者应带头并鼓励员工在三方面做出努力：

（1）关怀——说真话，体谅他人的处境，给予真心的关注，处事公正。如果只有宽容而无公正，那么宽容就成了姑息，但姑息会引发不平之心，从而破坏了信任。

（2）承担——兑现承诺，任事负责，因此营造了"可信赖"的工作环境。

（3）能力——营造学习气氛，提高与工作相关的技能，培养判断力。

我曾在一家美商公司工作，并于 2001 年被调派上海，那时中国分公司的员工多半很年轻，为了整合各方工作，将厘定团队工作的重点作为员工培训的一部分，转录于下，作为本章的结尾：

- 团队工作的基础在于彼此相互尊重、相互信任。
- 团队工作的顺畅进行有赖于沟通协作。
- 团队工作是成果导向的对事不对人（不指谪别人，也不替自己找借口）。
- 团队工作受市场驱动：

（1）以服务顾客为本分，除了外部顾客外，企业流程的下游也是上游的顾客；

（2）我们承诺的，我们做到。

- 我们意见可以不同，但必须服从同一个目标。
- 及时回应（responsiveness）是团队工作成功的关键。

第4章　员　工　发　展

不论一个企业从事何种行业，也不论企业自动化与电脑化到了何种程度，都可以毫不夸张地说："员工是企业最重要的资产。"如何雇聘员工，并公平地善待他们，帮助他们与企业一同成长，是经理人不可推卸的职责，本章依次讨论这些课题。

4.1　工作分类与评等

任何稍具规模的企业都需要由工作性质完全不同的员工共同努力，达成企业经营的目标，以制造业为例，一定会有工程部门负责产品设计，采购部准备生产原料，制造部从事生产，销售部出售产品，财务经管付款/收账，等等。然而工程部内的工作有职位高低之分，他们在等级与薪酬的差距如何决定？工程师与财务部的会计师的工作又如何相互比照来决定职位等级？等等。这些问题不应以总经理个人的意见来给出答案，若是如此，一旦总经理离职，那么新任者有不同意见又该如何？为了保证连续性，为了一致性与公平性，必须要有一套相对客观的标准，来分析对不同职务的要求与特点（如：资历、能力、工作环境、对公司的影响等），再以此来评定每个职位的等级，从而作为考核、薪酬、迁升与发展路径的依据。

下面介绍的方法曾经应用在两个不同的公司，此方法的要点在于：

（1）决定工作分类的准则，如"决策要求""技能水平""工作难度"等。

（2）按各项准则的优先考量与重要性，定出比重，通常为了计算方便，各准则比重总和可以设定为一。

（3）分析各项准则，定出评等的因素，例如：就决策要求而言，评等因素有三个，分别是"对企业的影响力""做决策承受的压力"以及"创新与主动性"。

（4）按照准则各因素的相对重要性，分配准则所获的比重（同一准则内各因素比重之和等于该准则所获的比重）。

（5）就各因素写出评分的标准，并给予相对的分数，分别由1到5。评分标准必须清晰、具体、明确——尽量避免使用形容词或副词（如很高、非常）。

（6）最后，对每个职位，用比重计算出加权的分数（所有因素的分数与比重乘积之和），就成为评等的依据。

表 4.1 的例子包括 7 个准则和 14 个因素以及它们的比重的分配，各项比重总

和为 1。进行这项工作时，应由各部门经理人员会同人力资源部门的专业职工共同讨论，在适当的时机也应做修正。

表 4.1　工作分类与评等的因素与比重

准则	因素	比重	
决策要求	对企业的影响力	0.130	0.26
	做决策所承受的压力	0.070	
	创新与主动性	0.060	
技能水平	工作相关经验及专业程度	0.130	0.18
	教育程度	0.050	
工作难度	工作复杂性	0.170	0.17
沟通技巧	内部互动与沟通	0.040	0.14
	外部互动与沟通	0.040	
	简报要求	0.030	
	中英文能力　（读，写，说）	0.030	
管辖范围	管辖范围	0.140	0.14
弹性要求	机动性	0.030	0.06
	弹性工作时间	0.030	
工作环境	人因适度	0.050	0.05

读者可从下面的解释中了解各因素的意涵：

• **对企业的影响力**（13%）——职位对企业的影响与贡献。

• **做决策所承受的压力**（7%）——为了维持企业正常运转，工作者必须及时地做出种种的决定或提出解决问题的办法，其压力主要来自于责任、时间、难度以及资讯不足。

• **创新与主动性**（6%）——工作的自主性和原创性，包括创新观念、发展新方法以及在知识技能方面能够在不同状况下完成任务。

• **工作相关经验及专业程度**（13%）——为了做好工作，应有的相关经验、知识与技术。

• **教育程度**（5%）——职位所需的正式学校训练。

• **工作复杂性**（17%）——工作难度、复杂程度以及责任大小，包括工作的广度与深度，内在因素的模糊程度，外在因素的不确定性，协调工作中计划、研判以及所需的独立思考。

• **内部互动与沟通**（4%）——在公司内与各部门进行沟通，发展互动关系以利工作。

• **外部互动与沟通**（4%）——与公司以外的人或机构（诸如：顾客、供应商、政府机关、其他服务单位等）发展和维持有效而良好的关系。

• **简报要求**（3%）——包括对内和对外简报。

• **中英文能力**（3%）——针对工作所需的中英文读、写、听、说。

• **管辖范围**（14%）——依其职责而来的管理对象与涵盖范围。

• **机动性**（3%）——为了工作出差的强度。

• **弹性工作时间**（3%）——为了工作需调整作息时间。

• **人因适度**（5%）——工作环境舒适的程度，包括温度、湿度、清洁、安静、体能消耗。

以上述的工作复杂性为例，表 4.2 提供了工作复杂性（因素）的等级划分，其中复杂性最高的为 5 分，最低的 1 分。

表 4.2 工作复杂性（因素）的等级划分

工作复杂性（0.17）
定义：工作的难度、复杂程度以及责任大小，包括工作的广度与深度，内在因素的模糊程度，外在因素的不确定性，协调工作中计划、研判以及所需的独立思考

需要主导和协调许多相似或不同性质的工作。时间多花费在对组织需要的预估与工作计划上面。经常要依靠良好的判断力来领导工作	5
需要同时监管相当数量的工作。时间多半花费在各项工作安排和进度审查上，以期有系统地完成任务。此外，工作者的判断力也起着重要的作用	4
需要指导一些不同性质的工作。时间花费在筹划和安排员工任务方面．职责属经常性的，执行任务时需要一些判断力	3
需要指导一些经常性的工作，偶尔需要一些筹划与判断能力来处理工作上的变异	2
从事不太复杂而重复性较高的工作，有既定的工作内容，无筹划与判断能力的要求	1

上面讨论的评分方法与工等划分可以总结出一套计算程序如下：

（1）明确因素 $i = 1, 2, \cdots, m$ 的定义，并决定它们所占的比重 $w(i)$。

（2）每一个因素分为 h 等级：1（最低），2，$\cdots$，h（最高）。

（3）按照各因素的定义，明确定出各等级的标准。

（4）依次考量职位 $j = 1, 2, \cdots, n$ 时：

①　按照因素 $i = 1, 2, \cdots, m$ 的定义，评定职位 j 在该因素的等级：$g(i, j)$；

②　计算职位 j 的（加权）分数：$S(j) = \sum_{i=1,2,\cdots,m} w(i)g(i, j)$。

（5）决定所有职位的等级数，b。

（6）计算每个职等的分数间距：$d = \{\max[S(j)\,|\,\forall j] - \min[S(j)\,|\,\forall j]\}/b$。

（7）决定各职位的等级：倘若 $(k-1)d < S(j) < kd$，职位 j 就属于 k 等。

表 4.3 是此法应用于广东东莞一间精密机械加工厂时，职位评等的结果，其中评分最低的是清洁工，积分 1.2，总经理的积分最高是 4.7。职位分类共 10 等，所以上下等级分数间隔为 0.35 =（4.7-1.2）/10。助理工程师（与课长）类的职位有不同的工种，虽然属同一工等，但是所得积分仍有少许差异，表中未列积分的职位当时尚不存在，列入的原因是为了将来的发展。

表 4.3　工作分类与评等的案例

	1	2	3	4	5	6	7	8	9	10	11	12	13	14	15	16	17	18	19	20	21	22
积分	1.2	1.2	1.3	1.3	1.6	1.6	1.6	1.7	1.7	1.8	1.8	1.8	1.9	1.9	1.9	1.9	1.9	1.9	2.0	2.1	2.2	2.3
工等	1	1	1	1	2	2	2	2	2	2	2	2	3	3	3	3	3	3	3	3	3	4
职称	清洁工	仓库杂工	操作员	检验员	司机	电工	统计员	物料员	设施技术员	资料管理员	部门文员	出纳	品管技术员	制造技术员	报关员	税务文员	培训员	保安员	制造组长	采购员	人事管理员	会计

	23	24	25	26	27	28	29	30	31	32	33	34	35	36	37	38	39	40	41	42	43	44
积分	2.2	2.2	2.5	2.5	2.5			3.0			3.3		3.6	3.6	3.6	3.7	3.7	3.7				4.7
工等	4	4	4	4	4	4	5	5	6	6	7	7	7	7	7	7	8	8	9			10
职称	市场研发员	客户业务员	制造班长	财务分析师	环保安全师	助理工程师 II	副工程师	主任秘书	资深课长 II	工程师	高级工程师	品管部经理	行政部经理	生产部经理	工程部经理	业务部经理	财务部经理	资深经理	主任工程师	副总经理		总经理

助理工程师 II（工种明细）：

设施	品管	产品	工艺	销售
2.4	2.5	2.6	2.6	2.6

资深课长 II（工种明细）：

品保	生管	品管	总务	环安	人事	设施	制造	工程	业务	采购
2.7	2.7	2.7	2.7	2.8	2.8	2.8	2.8	2.9	2.9	3.0

4.2　人 员 聘 雇

聘雇员工的流程很容易了解，但是流程中每一个环节都不可轻视，才能雇到合适的员工。下面就逐次进行讨论。流程可分六个步骤：

（1）决定所需的人员的"编员计划"；

（2）申请招聘，获取批准；

（3）进行招工，决定约谈对象（候选人）；

（4）约谈（面试），决定雇聘人选；

（5）填写聘用表， 获取批准（人选，雇聘条件）；

（6）发聘。

4.2.1　决定所需的人员

按照业务需要，各级主管提出下季度的编员预测，由人力资源部与财务部门汇总编成计划提交审批。人力资源部提出组织编员计划，再由财务部门审定在财务上是否能够负担后，才能提交上级主管审批。若遭上级主管驳回，就需修改计划，再度提交审批。最后，由总经理审批完成，计划就成定案可以付之执行。这个流程如图 4.1 所示，方格中是各环节应做的工作，负责此工作者列于方格之下。

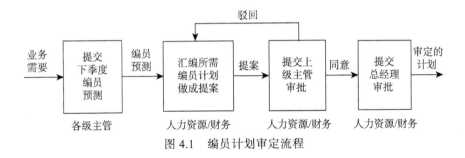

图 4.1　编员计划审定流程

4.2.2　申请招聘

招聘是依业务需要而提出的，若拟聘的人员已在编员计划内，聘雇主管只要提出招聘申请（通常是以表格形成填写申请书），由上级主管批准后，经人力资源部与财务部确认招聘在计划内的，就可开始对外招聘了。若招聘的职位不在计划之内，就要视情况而定，非急迫需要者的招聘多半会推迟到下个编员计划之后，急迫需要者可能需部门主管向总经理提出特别申请了。

4.2.3　进行招工

招工的对象有不同来源，包括：企业内部人员、员工介绍、学校、网站、人才交流会、媒体广告站以及猎头公司。来自猎头公司的，按职位高低需付一定的报酬；通常经由员工介绍而从外部聘雇的，也会付一些（较少的）酬金。

　　各公司对从企业内部雇聘的办法不尽相同，有的转任他职必须由上级主管出面，并经手处理，有的可以自行寻找职位，同时按规定在本职工作超过一定期限后（譬如一年），主管不得阻止他调。

　　对内、外发布招聘消息以及接收工作申请资料的是人力资源部，该部在做完初步筛选后，就将资料转至招聘单位主管手中进行复审。倘若人力资源部对公司业务不够熟悉（这是常有的现象），那么发布招聘消息以及初步筛选工作就无法到位，这时招聘部门的主管就要承担吃重的工作，典型的现象就是外来的申请者多半是不合格的。

4.2.4　约谈

　　筛选过的候选人就是邀约面谈的对象。除了雇聘主管外，参加约谈的成员通常会包括数位与待聘职位工作有关的员工、一位人力资源部的人员。约谈的目的是：（i）让申请者对工作以及企业有具体的了解，（ii）评估申请者的知识、能力、工作经验与对人的态度。往往是在 1～2 周内约谈数个申请者，然后再决定最合适的人选。

　　人选的决定应考量：

- 愿意留在公司做出贡献（譬如：申请者的职业规划如何？）；
- 乐意工作的态度（一般会表现出对工作的积极兴趣）；
- 能够了解对工作的要求（如对应聘者提问恰当，通常依答者的反应就可进行评估）；
- 专业知识和技能；
- 与人相处得宜；
- 无不良记录。

　　为了获取评估的资料，争取合适的人选，约谈时应当真切地表达公司对应聘职位所抱的期望，述说对自己工作及公司喜好的地方，并替应聘的职位与公司作"宣传"，以提高应聘者的认同感以及对职位的兴趣。从另一方面来说，为了获取对应聘者评估的资料，面试的工作可采取"行为性"会谈的方式（behavioral interview），其要点如下：

- 自己先要充分了解对工作技能的要求；
- 选择相关技能要求作为提问的基础；
- 设计完整的面试方案，包括合理的具有挑战性的问题；
- 进行会谈时，促使面试者提供与工作有关的经历；
- 根据面试者过去经历以及面试的印象，评估其资格是否符合工作要求。

　　约谈过程中，免不了有许多需要陈述的地方（如介绍公司与工作），但是双方为了发掘资料，更多时候是以问答方式在进行。由于约谈时间有限，有必要注意控制会谈的局面，除了开始为了营造友善关系的交谈外，不应把时间浪费在题外话上。问题的提法与雇聘的职务有关，对专业性强且职位较高的工作，可以直接问对方对工作的看法，譬如，对应聘财务总监者可问："什么是财务总监的工作内涵？如何才能做好这份工作？"新进的工作者对职务不熟悉，问这类问题就不太合适，因而寻问重点在于：对方有无相关知识与经验，对此工作的热忱有多高。

因为被约谈者往往不止一位，面谈时讨论的议题也非单一，所以交谈过程中做笔记会是一个好的举措。笔记不仅在约谈过程中提示自己哪些地方需要进一步讨论，而且也是一份做评估的重要依据。

其他有关沟通的技巧，读者可以参考第 2 章的内容。下面列举约谈时一些容易犯的错误：

- 贸然下断论，许多人在面谈几分钟后，就以第一印象决定自己喜好；
- 不断地说话或不停地打断对方，不给别人说话机会，这样就失去了解对方的机会；
- 引导或暗示对方讲出自己想听的答案；
- 接受肤浅的回答；
- 不做笔记只凭记忆；
- 仅凭直觉做判断（我知道有人以"面相"作为雇聘的依据）；
- 偏见（先入为主）；
- 歧视（国籍、种族、信仰、性别、年龄）。

4.2.5　发聘

在决定聘雇的人选后，就可发聘。从约谈到发聘时间不宜过长，通常在一个月左右，不宜超过两个月，聘雇的时间往往在面谈时已经提及了。对约谈后不予聘用者，也应发函通知，委婉地解说缘由。

如聘雇人员来自公司内部，典型的流程为：

员工申请转职—线直接主管批准—雇用方主管约谈—雇用主管提交转职表—双方二线主管（一线主管的上司）审批—人力资源部完成转职作业—人事资料存档。

如是外部聘雇，其流程为：

人力资源部作受聘者背景调查（学历、经历，无不良记录等）—人力资源部填出聘表—线主管审批—二线主管审批—财务总监审批—人力资源部出聘。

最后应强调的是：聘雇本身是有一定风险的，有道是："请神容易送神难"，必须慎重对待。在有限的面谈时间里，根据主要由申请者提供的资料，保证做出正确的评估实非易事。与雇聘员工成本相比，更换职工的成本会高出许多，甚至无法估量，这项成本包括工作效率损失、当初的雇聘成本、员工的培训费用以及非直接成本，如士气、不良品、低劣的服务、资讯遗失等。

4.3 奖励与表扬

奖励与表扬是反馈方式的一种，让受褒者感受到别人对自己的看重与赏识，使用得当可以产生良好的效果。我读小学四年级时的级任老师张祖华女士是一位很懂得鼓励孩子的老师，我们每周都要上写字课，只要认真写的字，她都给出极高的评分，引得大家每次写字都十分用心，字写得越来越好，分数自然也越来越高。这就是奖励表扬的效果。

我也曾见过一位小气主管奖励员工时，拿出来的是一张可供两人晚餐的支票，受奖人却认为是侮辱而拒绝领受。这样的奖励适得其反地打击了员工的积极性。另一种极端是奖励超过了成绩，这样不但容易引起不平之心，也不恰当地给予员工日后过高的期望。因此管理者应当慎用奖励的手段。

设立奖励标准并非易事，许多公司设置意见箱，对提出有价值意见的员工给予奖赏，但是评审"价值"有时可能失之主观，这样容易造成员工对此奖励失去信心与兴趣。用于提升生产率的奖工制度也会出现问题，在生产线（产品由一系列有先后顺序的工序逐步完成）的管理问题上，片面注重生产件数的奖励，极有可能只是增加在制品的积压（这是上游工序生产速率超过下游的缘故），而并没有增加每日最终产品的生产数量。曾有一家装配厂每月需完成十种不同款式与数量的电话交换机，为了提高生产率，管理当局提出了一套简单的奖励办法，只要一个工人每月装配的交换机超过一定数量，就按超出的数量给工人发奖金，工人们熟悉情况后，都去制作容易装配的几款交换机，当管理部门发现弊病后，就改变奖励办法，对各款分别定出指标，达标就记一分，积分超过一定数额越多的工人，得到的奖金越多。结果是：因为有两款交换机达标不易，过了一段时间后，就少有员工去做。这个例子说明：厘定奖励制度必须合理谨慎，否则奖励得到的就是反效果。

奖励实施的办法应予公开，让员工了解酬赏的：
- 促动性——联系到工作表现；
- 策略性——联系到企业成效；
- 恰当性——奖励方式因个案的情况而异，但是必须与表现/成效相当；
- 时效性——奖赏的时机是在达到企业成效之后，但也不宜拖延太久；
- 实值性——实际得到奖赏的价值（去除所得税、币值波动等的影响）有吸引力。

奖励的方式形形色色，有非正式的，如口头赞扬、公开表扬、提供特别的辅导、接触某些资料的权利、提供较好的设备或便利的环境等；有的属于比较正式，如季

度风云人物、服务奖、给予认股权、年底红利、奖状与奖金等。图 4.2 提供了一套
全面性赏酬制度以供参考。

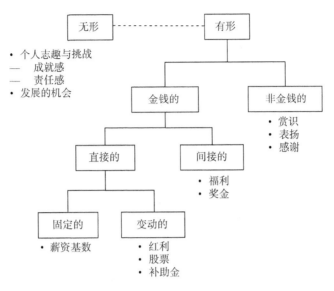

图 4.2　全面性赏酬制度

如前所论，奖励制度有禁忌：

- 夸大的行为把奖励变成了一场表演，而失去了应有的严肃；
- 唯钱主义，一切向钱看，而失去获奖应有的荣誉感；
- 过分的奖励工作变成了管理上的负担；
- 奖励不当造成反效果，从而打击了员工的士气；
- 人人有奖，失去了奖励本身的意义；
- 奖励尽本分者（何以对待工作卓越超常者？）。

4.4　薪　酬

对大多数员工来说，薪酬大概是他们最关心的事了，另一方面薪酬又是企业的
主要支出项目之一，因此高层管理者必须厘清薪酬与企业整体目标/价值的关系，
建立制度构架以利规划与实施。大型稳健的公司的员工有一定的工作保障，给付的
薪酬可能会与市场平均值相当；新兴的公司可能刻意提高薪酬以吸引人才；处于快
速发展的公司，也许薪水较低，但是能以较优的股票认购权吸引员工。不论薪酬政
策如何，薪酬制度的目标都不外乎：

- 吸引并留置高水平的人才；
- 对内能做到公平与公正，对外而言具有竞争力；
- 符合企业文化与核心价值；
- 按值（员工对企业的价值）计酬；
- 合法的给付标准（如不低于最低工资，无逃漏税）；
- 让员工了解"全面薪酬制度"的价值。

最后一项所谓的全面薪酬包括：（i）以金钱形式给付的基本薪资、红利与任何的补助金（如房屋津贴）以及（ii）以非金钱形式给付的福利（如实物发放、医疗保险、假期）、认股权以及入股计划（例如，员工用自己 10%的薪资，以 85%的市值承购公司的股票）。

薪酬在人力市场是否具有竞争力是一个重要的问题，人力资源部需要不时地进行当地人力市场调查与分析，比较类似的工作（如工作内容、资历与薪酬），观察市场薪酬趋势，并决定平均薪资及其他薪酬项目。

各职位的薪资等级的决定因素为：

- 工作复杂程度；
- 技能要求；
- 工作的职责范围；
- 职位对企业影响力；
- 与人互动的要求；
- 管理或领导的职责（责任的大小）。

读者可能已经意识到这些因素与表 4.1 所列的大同小异。实则职务等级（简称为工等）与薪资等级应当是一对一的关系，这样不同种类的工作（如财务、工程、制造、销售、采购、文书、环安卫生等）才有可比性。

其次，因各人年资与表现不同，薪资等级不应是一个单一数字，而是一个有上下限的间距，此上下限应反映市场情况，通常其中点值是由市场上类似的工作薪资的平均数所决定。

图 4.3 所示的是薪资的上下限与中点值的关系，以及它们的认定标准。与此薪资间距相对应的工等，其薪资应落于间距的上下限之间，每一间距可分为三等份，分别为 T1（下段）、T2（中段）和 T3（上段）。每一工等与上下两级工等的薪资间距可以相互重叠，因此，一个工等为 x 的人，若其薪资处于上段，就可能高过上一级工等（$x+1$ 级）处于下段者的薪资。

一般的企业都会实施年度薪资审核，在此过程中各级经理人扮演了重要的角色，一方面是以员工年度绩效（工作表现与能力）为依据，另一方面以薪资预算作基础。预算的参数包括：人力市场竞争的状况、公司的财务能力以及社会整体的经济（如物价指数的变动、经济发展的前景）。

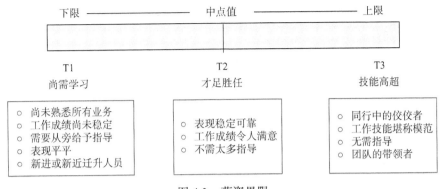

图 4.3 薪资界限

企业作薪资调整时，通常是往上调，但是遇到企业不景气时，有的也会往下调，下调的对象以高薪阶层为宜（为何？）。上调的原因有三：

（1）工作表现；

（2）职务迁升；

（3）市场变化导致的薪资过低。

为求客观公正，工作表现的衡量应该依据一套绩效考核评等的标准，考核与评等方式的细节留待第 5 章"绩效管理"中讨论，这里只谈薪资与评等的关系。有的公司会先设定一个绩效等级的分布，列出各等级所占的比重，作为考核评等的指标，然后再决定各等级调整薪资的幅度。

如表 4.4 所示，工作绩效共有五个等级，其中 1 等属最优，5 等属最低，而 4 与 5 均属不及格。其相应的分配比率指标显示于左边第一列，薪资调整的百分比依：（i）评定的绩效等级，以及（ii）目前薪资在工等薪资间距的位置而定。譬如，一位绩效考核为第 2 等者，若其薪资在 T2 内，且靠近中值点，那么加薪的标准是 5.5%，若是稍微低（高）于中值点，就可考虑 6%（5%）。表中也列出了薪资在 T1、T2、与 T3 的理想分配比率：20%～30%，50%～65%，5%～15%。因为希望多数员工有较大的薪资增长空间，T3 的比率应当保持在较少的水平。此外，应该注意的是：各项比例只具指标意义，在人数较少的部门（少于 10 人），不应硬性规定达标。

表 4.4　等级分布与薪资调整表

分配比率	评定等级	薪资界限		
		T1 (20%～30%)	T2 (50%～65%)	T3 (5%～15%)
5%～10%	1	6.5%～8.5%	5.5%～7.5%	4.5%～6.5%
25%～40%	2	5.5%～7.5%	4.5%～6.5%	3.5%～5.5%
45%～55%	3	4.5%～6.5%	3.5%～5.5%	2.5%～4.5%
5%～10%	4 或 5	0%	0%	0%

100%　　　　　　　　　　　　　　　　　　　　　　　　平均值=5.5%

最后要讨论的是加薪的时机，有的公司每年在同一时间对所有员工作薪资调整，有的并无统一时间，而是对每一个员工分别进行考量，通常是在离上次薪资调整的时间一年前后进行个别调薪。前一种做法方便人事作业，但是容易引起员工之间的攀比，在薪资不是私人隐私的社会（如中国）尤其如此。后一种方法有较大的弹性，除了调薪比率外，还可把调薪时间提前或延后，从而形成了更深刻的反馈手段。

4.5　迁　　升

管理者在迁升的问题上可能犯的最大错误有两个：其一是把迁升当作留置员工的手段，当员工辞职时，主管的首要的工作是帮助员工消除离职的想法，用迁升方式使其"勉强"留任，其结果可能是帮助员工几个月后在外面找到更高的职位；其二是把迁升当成一种酬劳，工作出色者应该得到酬赏，但是本职工作做得好并不意味着能担负起更大的职责。例如，一个优秀的技术人员并不一定会带领团队，若是贸然提升为团队的领导，就有可能找了一个不称职的经理人，同时又失去了一位优秀的技术人员。

所以迁升不是一项酬劳，其前提是能够处理更复杂的工作，承担更大的责任。正常的迁升的依据是：

- 业务需要有此职位；
- 员工个人成长过程中的历练；
- 能维持高绩效。

而下列各项却是不应作为迁升的理由：

- 把迁升当作酬赏；
- 留住职工；
- 某人学会了新技能；
- 某人担任同一职位太久。

在一个论资排辈的社会里，最后一项是最容易犯的错误。我大学毕业后第一个工作单位的机构主管，在到任之后不久，仅凭年资就把一位在原岗位待了 18 年的员工提升成该部门的经理，结果引起了底下同事的埋怨。

4.6　职　业　规　划

一项重要而又常常被经理人忽视的工作就是员工的职业规划。不少公司毫无此等规划，即使有，往往也没有认真去执行。但是一个有发展的公司必须为员工提供发展的机会，培养他们的技能，增强做事的能力，为其担任更好的工作做准备，这项工作只能通过主管来完成，换而言之，帮助员工有所发展是经理人不可推卸的责任。

与从事一般管理工作相同，帮助员工发展也是先做分析，即根据员工的意愿与公司的需要，决定员工应当加强或学习的地方，而后规划一套行动方案与预期完成的日期、效果，接着就是执行、监督以及评估效果，并作必要的修正。

根据员工的意愿与背景，可为他们规划出一条或数条职业发展的路径，用表 4.4 所示的工作分类与工等作例子，一个年轻的操作员可选择图 4.4 所示三条路径中的一条作为长期的职业规划，左边的一条是从事管理工作的路线，中间的是技术工作，右边的是文书工作，各个职务后括号内的数字代表该职位的工等。

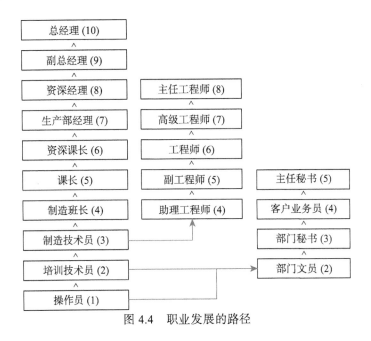

图 4.4 职业发展的路径

在员工职业规划与发展上，经理人扮演的角色为：

-作为整个过程中的辅导者；

-协助员工寻求发展的机会；

-指导员工的工作；

-在行动上给予支持；

-鼓励员工提高技能；

-及时地提供反馈；

-指点可能犯的错误；

–指出员工未能称职之处；

–指明员工的才能，把做出的成绩予以公开（为何这样做?）。

4.7　员 工 留 置

员工离职有许多原因，经调查研究发现：在有些公司里，高达 2/3 的离职是由于对工作不满，而不完全是因为缺少发展的机会，换而言之，他们是被"不满意"所赶走的，而大半的不满因素却掌握在主管的手里，说得更直接一些，在许多情况下是被他们的主管"赶走"的。细分起来有以下几个原因：

- 无发展机会，缺乏工作上的挑战。
- 不被人赏识。
- 机能失调的工作环境，包括：
  （1）过度工作，太多压力，经常改变方向，太多政治因素介入，缺乏团队合作；
  （2）改组次数太多，工作与家庭生活不协调。
- 薪酬太低。
- 管理不善，沟通不良。
- 无迁升机会。

内部请调的原因也很类似，约 2/3 的调职者是为了逃避拙劣的管理。主要原因可归于：

- 不受重视；
- 无发展；
- 无迁升机会；
- 拙劣的管理，沟通困难；
- 意见不被采纳；
- 工作缺乏挑战。

根据《纽约时报》（*New York Times*，2000 年 5 月 31 日）盖洛普的调查结果显示，员工去留及其表现，主要由他和直接主管的关系所决定。有的员工不愿离职他就，仅仅是因为喜欢跟自己的主管做事。除此之外，员工愿意待在一个公司的原因有下列诸项：

- 工作有趣，具有挑战性；
- 事业有发展；
- 有极好的共事者；
- 对薪酬满意；
- 得到上级支持；

- 对企业/产品的骄傲感；
- 工作环境/文化；
- 被器重。

据《爱护他们否则就失去他们》（*Love'em or Lose'em*, by Beverly L. Kaye and Sharon Jordan-Evans）中的报道：在 6400 个受访者中，有半数以上提及上面所列的前四项。

对离职员工的调查显示：人们也许会留在公司，如果主管能够：

（1）提供事业发展的机会；

（2）给予适当的帮助与辅导；

（3）重视自己的工作成绩；

（4）批准自己内调；

（5）清楚说明对工作的要求；

（6）重承诺；

（7）帮助员工在生活与工作之间取得平衡；

（8）允许工作条件方面的弹性；

（9）重视沟通及能有效地处理变革。

我曾经历过两个与此有关的事件。某主管对一位同事生产线的设计方案不满意，同事问："请告诉我，你希望看到的是什么？"主管回答："我不知道，继续试吧，等我满意时，就会告诉你。"（违反了上面的第（2），（5），（9）项）。某主管在作绩效考核时，对一名员工说，过去一年你表现很好，但是某人也不错，所以这次只能给你乙等了（违反了第（1），（3），（6），（9）项）。结果：这两位员工后来都离职他就了。

员工的离职最终会转变为企业的成本。一项美国的研究调查显示，替换一位离职人员的成本往往是员工年薪的 70%～200%。新进人员的流转，增加了雇佣与培训费用，人员不足造成可用之人太少的局面，而优秀员工离职，造成人才流失，智慧财产损失，更直接影响到业务，增加竞争困难，甚至可能会引起他人离职的念头。曾经有过这样的例子：因为一位高级主管的去职，下面五个部门中四个经理在一年半内离开公司。

留置比雇聘更快，更容易，更省钱，也更有效率! 在这方面可以借鉴如下的公式：

"以人为重的管理方式 + 工作挑战性和发展的机会 = 满意而无异志的高效能员工"

第一项属于维系因素——提供对人尊重的工作环境，包括薪酬、内部人际关系、上下级的关系、公司人事政策及工作保障等。而第二项是激励因素——提供成长与发展的机会，包括学习机会、赏酬、表扬、委任、授权、迁升等。

4.8 营造积极的工作环境

在前面的讨论中，曾数次提及工作环境。所谓"工作环境"是包括了除工作（内容）本身外，一切与工作有关的条件与状况，因此对工作绩效有极大的影响，工作环境对员工的价值可以表现在以下各方面：

• 人们对自己的工作进程，希望能有较多的控制 （给予一定自主权或弹性工作时间）；

• 节省上下班的时间，降低通勤的难度，以增加生产力；

• 处理好工作与生活的矛盾，员工可以专注工作，并得到较多的满足；

• 消除工作场所中损害健康的因素，让温馨舒畅带来生活品质的改善；

• 改善员工与主管的关系，给予员工更多支持与关怀，将有助于人员留置；

• 人际关系简单透明，创造宽松和谐、较自由的气氛；

• 敢于尝试，不会轻易受到指责；

• 微小进步和成绩都会获得上司和同事的认可和赏识。

主管对此必须负起责任，一方面要督促员工完成工作任务，另一方面应替员工营造良好的工作环境，这里要特别提到的是：工作环境应扩及企业对员工的生理与心理健康的关怀，在美国，很多声誉良好的公司都会为员工提供这方面的帮助，包括医药保险、定期健康检查、心理咨询等。当工作压力（工作上的要求与管控）与从工作带来的满足感（努力所得到的回报）相当时，员工的能力就能发挥到最佳状态。

第5章 绩效管理

毋庸置疑,绩效管理是经理人的一项重要课题。与一般的管理工作一样,在促进工作绩效时,也是一个"规划—监督—调整"的过程,这三者的关系可用图 5.1 来表示。

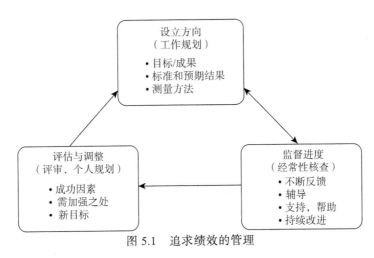

图 5.1 追求绩效的管理

本章将着重讨论工作规划、反馈、评审以及补救与改进等措施,以帮助员工提升工作绩效。

5.1 工 作 规 划

工作规划的目的是明确员工工作的内容以及个人绩效的目标。这不是孤立的事件,而是一个过程,做要持续地关注和管理。做规划的时间有的是定期的,譬如年度规划或者季度评审后的调整;有的是在业务调整或企业改组之后,有了新主管或者新员工时,也会有新的工作规划。

员工的工作规划通常是由直接主管来主导,通过和员工讨论后做出的。规划的过程包括:

(1)列出 3～5 个以"成果为导向"的工作目标,各目标按其重要性可占不同的比重。因为各人的业务不是孤立的,目标往往有循指挥系统的纵向联系,和客户或企业伙伴的横向联系。

（2）根据工作目标列出：

　　a. 对各项目标预期的成果；

　　b. 完成目标所需的资源；

　　c. 员工对计划的反馈意见。

（3）制定出计划涵盖期间进度审查和重点讨论（主管与员工一对一的会谈）的时间表。

（4）确定员工了解计划内容与应有的承诺。

（5）主管与员工签定计划。

所设定的计划必须明确（非含糊，非模棱两可），可衡量（能数量化），有完成时限，经过努力可以完成目标（非轻而易举，也非过分艰难）。表 5.1 是一份工作计划，其中载有工作的类别、明确量化的目标。所列的五项工作可按其优先与重要性，再加上各自的比重。

表 5.1　工作计划

工作项目	目标	类别——衡量方法
监督 3600 号新产品的投产	3600 号产品经由三个单位协作，在 20××.07.05 以前完成"投产认证"	项目（project）——开始日，完成日，重大阶段的时间里程碑
解答客户的问题	在 20××.12.01 以前，根据接听客户服务记录，100%客户的问题在 90 分钟内做出回应，于 3 小时内回答	解决疑难——速度，质量
继续制造高质量产品	保持第三厂生产 X321 产品的良率	经常性工作——数量，品质
"追求绩效的管理"方法	20××.06.30 以前，通过（至少两周一次）与员工的交流，以改进一对一的管理方式	新方法——速度，数量，质量
增进 Zebra 公司对我们产品质量的认识，今年应对该客户作两次这个方向的联系工作	在 20××.05.31 以前让 Zebra 成为我们主要的客户之一	无工作类别，此处工作是在支持另一个更高的目标

5.2　反　　馈

倘若期望员工变成娴熟的巡航者，他们就必须知道何时自己在航线上行走，又何时偏离了航线。在这方面，主管可利用反馈与审核的方式来帮助他们。如前文所言，反馈是对一个行为的回应。经理以此帮助员工：

- 专注于工作，引发对工作的兴趣；
- 保持正确的工作路线；
- 稳健地改善工作；
- 在保证工作质量的情况下，扩展职责。

反馈的方式有以下几种：

（1）加强——以肯定的态度强化员工既有的成果。

（2）教导——指出员工行为或成果的价值，并将之纳入工作中。

（3）批评——敦促员工改进不足之处。

（4）缄默——让员工自己察觉他人对自己工作的感受。

不同的方式会造成不同的影响，从表 5.2 可看出，正面的反馈（加强与教导）通常会带来正面的影响，负面的（批评）却有可能带来负面的影响，然而有时候（譬如员工看不到自己的错处，且一再犯错）这却是唯一可用的方式，若能谨慎使用，以诚恳的态度作有建设性的提议，也可以成为帮助员工的有效手段。缄默的方式基本上就是无反馈，对待自觉而成熟的员工，本来无需太多反馈，但是仍应每过一段时间给予正面的肯定。

表 5.2　反馈的影响

反馈方式	目的	常见的影响
加强	增进期望的行为/成果	• 增加信心与能力
教导	改变日后的行为/成果	• 增强能力 • 可能增加信心
批评	终止不当的行为/后果	• 降低信心 • 批评得当会增加能力
缄默	保持现状	• 长期地缄默会降低信心与能力，员工会有被忽略的感觉

反馈不一定仅针对个人，如果一群人的工作有可比较性，可用"隐名"的方式公布所有人的行为绩效，因为每个人都知道自己的成绩，所以从公布的成绩中就能看出自己与他人相比处于何等位置。图 5.2 提供的例子是工程师为客户安装设备时的安装成本比较，图中各点是各人累积安装次数与最近一次安装设备的成本，从"学习曲线"的概念（将在第 6 章中详细介绍）中可知：安装次数越多，则安装成本越低。那么根据图中所列的八对（安装次数、安装成本）的资料，可得到如图所示安装成本的"平均"学习曲线作为平均绩效，低于曲线的各点表现高于平均绩效，而曲线上方各点表现低于平均绩效。

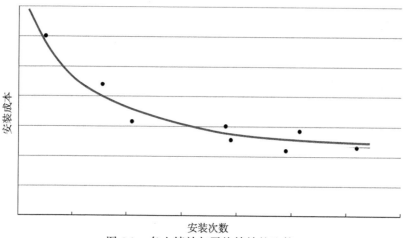

图 5.2　各人绩效与平均绩效的比较

5.3　工　作　评　审

工作评审是主管对员工定期给予的审核与评等。这项工作以员工的"工作规划"以及"职业规划"（见第 4 章）为依据，是一个正式的定期的工作总结与反馈，评审的结果将列入人事档案，作为员工未来发展的参考以及公司人力资源状况分析的资料。从员工方面来看，评审的结果通常会成为未来薪酬调整以及迁调工作考量的依据。

经验显示，评审可以带来改进，但其前提是，主管在进行评审工作时能够：

- 创造与员工的双向沟通；
- 引导员工以业务为导向，做建设性的讨论；
- 重视并接纳职工在评审时的意见；
- 以事实为其根据，重点提出几处尚需加强的建议；
- 在对员工肯定其成绩以及尚需加强的建议中取得平衡；
- 不纠缠于过去，而着重在未来。

这里的要点在于：员工能感觉到评审的公正，受到主管的关注，而对未来有所展望。

评审的过程由主管启动，每年一次，一般流程包括：

（1）由员工列出工作目标与完成的程度；

（2）主管同时也由他处收集资料，以求评审的完备与客观；

（3）主管进行绩效资料分析，并填写评审表格；

（4）安排与员工会谈，并于会谈前向员工提供评审内容；

（5）准备应付预期的困难（特别是员工表现欠佳，导致负面内容较多时）；

（6）与员工讨论主管可以提供帮助的地方；

（7）讨论未来工作目标以及员工发展的目标(也可另行安排时间进行这项讨论)；

（8）倘若是年度评审，完成的评审表需提交人力资源部门。

　　在评审工作的过程中，主管可以参考表 5.3 所示的"评审检验单"作自我检查，以求完善。

表 5.3　评审检验单

- 过去一年中讨论了对员工工作的优先次序以及成果的期望
- 征询过职员工意见，并纳入工作计划
- 讨论了所有的主要问题，以及可能造成的影响
- 提供必要的细节与范例
- 采用多方资料，力求客观而全面
- 兼及对员工的正反意见（前者加强，后者改进）
- 专注于最需要改进之处，不提过多的负面意见
- 涵盖整个评审周期，而非仅凭最近几个月的印象
- 评审时着重于行为表现
- 着眼于未来（为日后工作做此评审）
- 评审等级符合工作成果，而且都有事实根据

　　评审工作要做到既客观又公正不是一件容易的事，普遍的错误是主管对待评审工作不够严肃认真，在管理松懈的公司，甚至有的主管"懒于"做评审工作，这样的主管在对待下属的职业规划与绩效管理上的效果可想而知。偷懒的主管的另一个问题是不搜集资料，也不好好做分析，因此仅凭最近的印象做评审，就免不了片面性与主观性。在讲人情与面子的社会，或误解了"尊重个人"的企业里，评审工作容易流为平均主义，大家评等都十分接近，从而失去了绩效管理的积极意义。

　　评审结束前，主管应与员工进行一次面对面的讨论，表 5.4 是该项工作的检验单。

表 5.4　评审讨论的检验单

应当做的：	应当避免：
• 帮助员工发挥其优点	• 消极词语，负面的批评
• 问题是"我们的"，不是"你的"	• 以"你我"之分论事
• 谈问题要具体明确	• 溢美之言，虚假夸大
• 不偏离正题	• 空泛之谈，无事实或例证
• 开放式提问，倾听、坦诚、关心（参阅第 2 章）	• 一人独唱，缺乏双向沟通
• 着重于结果，而非过去的活动	• 过多地强调个人的特性
• 做辅导员，而非监察员（提供建议而非训导）	• 吹毛求疵，匆忙草率
• 做好结论，包括未来发展计划，并做成文件	• 没有前景可议

前面曾经提到过对员工评审的等级，许多公司采用五个等级：

- 等次 1——远超过要求；
- 等次 2——超过要求；
- 等次 3——符合要求；
- 等次 4——符合部分要求；
- 等次 5——不符合要求。

若全公司统一在同期进行评审，则会有工作未满一年的新进员工或调职未满一年的员工，这时的补救方法可考虑：以"等次 3A"作为到职未满六个月者的等级（时间过短，资料有限，无法客观公正地做评审），在调薪方面，给予的考量与等次 3 者相同。倘若评审时间以到职日后一年为准，则无此问题。

最后，列出三份评审用的"绩效考核表"的样本供读者参考。表 5.5 与表 5.6 适用于非管理工作者，前者以工作成果为导向，可适用于低阶或年轻新进的员工，后者以能力为导向，适合专业性且资深成熟的员工。表 5.7 为管理职务工作者准备，可看出表中对作为管理工作者的要求不同于前两份表的内容。

表 5.5　非管理职务者绩效考核表之一

非管理职务员工绩效考核表

员工姓名：		员工编号：		填表日期：		
部门：财务		职位：会计		考核日期：		
成果导向的工作目标 （如何衡量各目标：需明确，可达成，有时限，可衡量，成果导向）		完成日期/ 主要合作者	备注	评分 (1~5分)	加权数 (总数=1)	加权评分
1.根据原始凭证做出记账凭证，登入账簿，做出税务报表，报送政府部门		每月10日前				
2. 根据进/出报关单、合同资料及税务局最新的规定，做出免、抵、退税报表，与海关、税务总局进行电子对碰		每月15日前/王关务				
3.根据进/出领料凭证、合同资料、报关资料做出海关账		每个星期一次/王关务				
4. 根据各部门提供的资料，如考勤资料、奖金资料，编制工资表并发放工资		每月15日及28日/ 各部门				
5. 根据请购资料及验收资料，进行厂商货款的核对及支付报销凭证的核对		每月10日前及25日/ 李采购				
上列诸项完成的及时性与准确性均不得低于99.5%，第四项的及时性为100%，准确性为99.9%				加权后总分		
直接主管评语		上一级主管评语		员工意见		
签名/日期		签名/日期		签名/日期		

表 5.6 非管理职务者绩效考核表之二

考核项目	不符合要求 (1分)	符合部分要求 (2分)	符合所有要求 (3分)	超越要求 (4分)	远超要求 (5分)	评分 (1~5分)	权数 (Σ=1)	加权 评分
I.知识能力技术程度、工作能力和客观判断能力								
专业知识与能力	需持续加以指导	具备部分专业知识 与能力	与职务相应的专业 知识与能力	娴熟的专业知识 与能力	超水准的专业 知识与能力			
组织能力	无计划	计划不全	计划合理	计划周全	前瞻性计划， 合乎实际发展			
判断能力	缺乏客观判断能力 且有偏见	一般比较客观 但有时判断失当	通常能客观分析 事实后做决定	持续性客观分析后 再做决定	罕见的分析能力 与精准的判断			
II.工作结果是否达到要求并能持续获得满意的工作结果								
工作质量	工作粗心不正确	工作质量未达到 最低可接受度	工作质量符合标准	在数量和质量上 符合工作要求	在数量和质量上 持续超越目标			
工作负荷量	完成工作量不充分	工作速度迟缓	如期完成任务	经常超越目标	超越目标，并能 帮助他人			
III.主动自发地承担职责，忠实可靠，重视时效的程度								
工作自主性	完全依靠指示工作	经常需要多于 正常的督导	正常规督导下完成 工作	在低于常规督导下 完成工作	主动自发地工作， 无需督导			
工作责任感	规避责任及工作	不会主动承担 责任	接受且有时寻求 更多职责	有紧急状态时也能 及时承担责任	完全接受甚至经 常超出职责需求			
工作可靠度	经常违背工作 排程，可靠度低	可靠度有赖规范 引导	依照职务要求可靠 地完成工作	工作准时可靠不 浪费公司资源	以公司利益为主 优先与人方便			
IV.与同事是否相处和谐做到激励互信，互相沟通，资讯共享								
团队精神	经常引发事端	不主动合作	主动而正常的合作 态度	主动而有技巧的合 作态度	积极主动			
激励互信	对人对事总是持 消极态度	一般持消极态度 待人	值得信赖，尊重他人	能正面激励鼓舞 他人	能激励并引导别 人从事正面工作			
沟通技巧	缺乏沟通意愿	沟通技巧有待 改进	沟通良好	具备积极正面有效 的沟通技巧	具备高度的人际 互动与沟通技巧			
V.是否遵守安全卫生环保规章制度，是否保守业务机密								
遵守规章制度 重视安全环保 保守业务机密	有违反安全、环保 和业务机密规章 制度的现象	通常遵守规章 制度，但需提醒	遵守规章制度， 无需提醒	遵守规章制度，并 给予他人指导	严格遵守规章 制度，并能主动 提出改进			

直接主管签署 ＿＿＿ 日期 ＿＿＿ 上一级主管签署 ＿＿＿ 日期 ＿＿＿
员工签署 ＿＿＿ 日期 ＿＿＿ 人力资源部签署 ＿＿＿ 日期 ＿＿＿　　加权后总分：

　　表5.7是为管理职务工作者准备的，该表分上下两部，上部以成果为导向，下部是能力导向，使用时可取其一，或同时采用二者。由表可看出，对作为管理工作者的要求不同于前两份表的内容。

表 5.7　管理职务者绩效考核表

管理职务员工绩效评估表

员工姓名：		员工编号：			
部门：品管部		职位名称：品管经理		考核日期：	
成果导向的工作目标(请叙述各目标将如何衡量) (请叙述各目标将如何衡量,个人工作目标必须明确,可达成,有时限,衡量,成果导向)		完成日期 /主要合作者	备　注	评分 (1~5分)	加权 数 / 加权 评分
1.处理进货检查及IMRN处理决定;及时将信息反馈给供应商并跟踪来货品质改进		不定时/采购,供应商	建立供应商品质记录		
2. 各生产线巡检,监控各工序QC,全检员人手调配,督促并确保各检查人员严格按检查标准进行检查			使用SPC软件与量具连接,量测数据直接进资料库		
3. 检验员的招聘与培训,以及本部门各级干部100%的培训与考核		不定时/人事	制定人员需求计划,培训计划和考核制度		
4. 协助业务部门做好客户服务,在产品质量方面,了解客户要求,提供信息,解决问题		不定时/客户服务,各生产线班长	制定检查规范,稽核执行效果,比对逐月之间的不良率和报废率		
5. 积极发掘质量问题,寻找出原因,提出解决方案,及时做出改正,查核实施效果 (例:07N9119厚度报废率过高),总体不良12月内将下降到5%		工程部,各质量工程师			
6. 定期提供产品质量报告–不良率、报废率、不良原因、管制图等		每月5日前/质量报表			
主管评语	上一级主管评语		员工意见		
签名/日期	签名/日期		签名/日期		

考核项目	不符合要求 (1 分)	符合部分要求 (2 分)	符合所有要 (3 分)	超越要求 (4 分)	远超要求 (5 分)	评分 (1~5分)	权数 (∑=1)	加权 评分
I. 方向与策略	缺乏充分的经营概念及技术专业	了解经管部门职掌并具有部分业务专长	能将工作知识转换为客户导向的经营策略	能将客户需求及公司内部资源整合为经营策略	订立营运策略并运作各种专业达到成功的经营			
II. 经营成效	对经营管理贡献轻微或几乎无贡献	订立经营计划并能实施完成部分结果	在本身经管职务上有正面贡献	对职能部门整体营运上有正面贡献	对公司整体营运上有正面贡献			
III. 团队构建	无法组织团队或与人共事	维持团队运行日常工作达成部分职务需求	建立并领导团队,以优良沟通管理同心协力执行工作	定业务目标并使团队成员一致了解,通力执行	持续地支援其他职能部门,并解决其间冲突,提升团队士气			
IV. 培育人才	在培育人才方面无具体力表现	完成培育计划但未能有效执行	能够不断地与员工分享知识技能,并辅导成长	切实执行符合员工的发展计划及兼顾公司利益的职涯目标	培置员工于恰当的职涯规划,并能为组织培养主要干部			
V. 领导能力	无法建立、带领或管理其部门	对所涉及职能有部分影响力	领导部门完成部门主要任务	对部门成效不断地实施改善	在公司整体层次上表现出强而持续的领导能力			
直接主管签署 _____　　日期 _____ 员工签署 _____　　　　日期 _____		上级主管签署 _____　　日期 _____ 人力资源部签署 _____　日期 _____				加权后总分： 等别(低1-5高):		

(签字表示本次考核结果经过讨论,但并不一定表示员工对内容之同意)

5.4 不称职的员工与改进计划

职工表现不佳时，主管必须及时注意，采取措施以防止继续滑落，而影响个人绩效与整体任务。此时，主管与员工应共同寻求改进的办法，把工作绩效提高到可接受的水平。这项工作应当依情况不同，而选择适合的办法。可能适用的办法包括：给予反馈与辅导，或者与人力资源部门合作，安排有记录的讨论，做改进计划（performance improvement plan，PIP），提出最后警告，甚至终止雇佣关系。

5.4.1 反馈

本书之前对此已有过数次讨论，为了促使员工改进而做反馈时，主管首先应该让员工了解"必须做出改进"。然后与员工举行一对一的会谈，讨论过程中所涉及的事项应该明确具体、依据事实，但不必过早地下结论，全程的态度以真诚而严肃为宜。

5.4.2 辅导

比之于反馈，辅导需要主管更多的参与。但是应当让员工了解"自求改进"是员工的责任，主管可以给予方向与路径的指引，提供自身的经验与知识，以及其他的资源。这是一个主管与员工共同寻求改进之道。图 5.3 是一套辅导作业的流程。

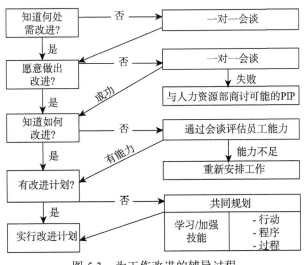

图 5.3 为工作改进的辅导过程

5.4.3 做有记录的讨论

当辅导无效时，主管应考虑与员工进行较深入的讨论，并将讨论内容与结果做成记录。讨论时应指出：问题所在，需要改进之处，改进的期限，以及无改进的后果，甚至可提出最后的警告（解雇）。这种方法一般用在行为（如怠工、恶意损坏）与出勤（如旷工）问题上，因此讨论时应着眼于行为标准。

5.4.4 工作改进计划

PIP 是一份正式的记录文件（参见表 5.8），用来警惕员工：工作绩效是一个严

表 5.8　工作绩效改进计划（样本）

ABC 公司员工工作绩效改进计划（PIP）

收件者：　（员工）　　　　　　　　　　　**日期：**

发件者：　（主管）　　　　　　　　　　　**副件受文者：** 人力资源部

《工作绩效进计划》是一项"警戒措施"，本文件记录您作为公司设施部门经理在工作职责范围内未能达到要求的地方，以及您在特定期限内必须完成的工作任务与指标。

问题总结

您的职务是安装或制作公司运作所需的装置与设施，维持办公室、厂房、生产线、宿舍等正常运作。作为公司设施部门的主管，您明显：

1. 缺乏领导与工作规划能力（如切削油循环冷却系统，回油过慢以致油料流失）。
2. 缺乏员工领导/ 辅导能力（如怠工、离职发生时，无法采取有效应对措施）。
3. 过度仰赖上级，经常无法独力解决问题（如简单设计）。
4. 工作态度不够积极，对其他部门缺乏主动的支持，以致关系紧张。

改进措施

在今后的 90 天内，您必须改进自己的工作绩效，完成下列各项任务与指标：

• 针对上述问题，两周内向总经理办公室提交设施部门工作改进办法。

• 督促本部门，在工作改进办法批准后，切实遵照行事，实质地提高工作质量，包括：

1. 每项专案，需有规划，包括所需人力、物料、预算与进度，做成文件，并作为行事依据。
2. 主动发掘与设施有关的问题并提出解决方案。
3. 对其他部门的施工要求，做好回应措施，包括评估可行性、施工方案、完工日期。

后续措施

请认真对待以上所列各项，如时完成本计划。自签字日起，90 天后再做工作绩效检讨。

如您仍然无法完成上列任务与指标，我们将对您的问题做进一步的处理，并可能导致解雇。

如您在期限内完成上列任务与指标，我们将取消本计划对您的"警戒措施"。但是今后您在 ABC 公司的工作仍需维持不低于本计划所列的工作绩效水平。

在本计划实施期间，您不得要求在公司内转换其他工作。

本计划副本将留在您的人事资料内。

签名

本人了解本《工作绩效改进计划》的内容及其后效。

员工：＿＿＿＿＿＿　日期：＿＿＿＿＿

主管：＿＿＿＿＿＿　日期：＿＿＿＿＿　　　　总经理：＿＿＿＿＿　日期＿＿＿＿＿

重的问题，同时也是一份指引，以帮助员工改进工作绩效。因其严重性（可以引起调职，甚至解雇），做 PIP 之前必须先通知人力资源部门。

此计划书应（ⅰ）总结员工工作表现问题，（ⅱ）明确地列出补救办法和改进的期限，以及（ⅲ）成功或失败的后果。在一般情况下，给予的改进期限为 30～90 天，依情况不同也可以延长，在此期间主管应经常与员工讨论进展。

若在计划期限终止时员工仍然无法达到要求，就需要就商于上级主管以及人力资源部，考虑采取下列措施：

- 重新安排工作；
- 降级任用；
- 辞退。

如果计划能够顺利完成，主管应发出书面通知（并通知人力资源部门），在解除 PIP 警戒的同时，要让员工明确地知道：必须继续保持不低于计划书中规定的绩效水平。

5.4.5 辞退

辞退员工是万不得已的手段。起因有三：（ⅰ）违反纪律，（ⅱ）企业经营遭遇困难，需要裁减人员，（ⅲ）工作不称职。对绝大多数人来说，工作收入是生活的经济来源，因此不论何种原因，辞退员工永远是难以处理的问题。

处理违纪事件必须注意法令的依据、违纪的证据以及处理的时效。常见的问题包括贪污、舞弊、泄密、歧视（性别、种族、宗教等），以及含性骚扰在内的非正常性关系，这些事件都可以因情节大小而做出不同的处置，企业对此应有较详细的规定，并写入操守指南，晓谕员工。违纪发生必须及时处理才能达到效果，曾有公司因顾及海外分部营利甚多，而未及时处理分部高层主管的贪腐行为，数年后由于内部斗争，翻出旧账，再做处置，结果引起分部的反弹，被处置者无人服气。

在西方，雇聘被视为契约关系，公司裁员不时发生，人们对此也相对比较容易接受，被辞退者通常会拿到一笔离职补偿金，金额多寡视公司财务状况与国家法令而定。有的公司因财务状况良好，也会以较优厚的离职条件征求自愿离职者，这种情况下雇佣双方自然不会有任何矛盾。在中国，因为上级照顾下级的传统观念以及多年来习惯于公有制中的平均主义，辞退员工很容易造成反弹的后果，经理人对此应做出妥善安排，或提供较优的离职条件，或帮助转业，总之，应理解到别人的不幸，从善意出发，尽量做到公平公正。

处理辞退不称职员工的问题难度远高过前两种情况，除了不想失去工作外，被辞退者少有愿意承认自己有不合格的工作表现，这时主管就需提出证据（绩效考核的结果与完成改进计划的程度），并给予说明。在西方，这类辞工事件有时可以引起法律诉讼，因此有的公司会利用裁员的机会辞退不称职的人。

　　如前所述，直接主管负有员工职业发展的责任，因此辞退员工时，也应由直接主管出面解说缘由。在美国曾有一公司因改组而先后辞退数位副总裁，作为直接上司的执行副总裁从不出面，仅由人力资源部的经理处理全案，这样的傲慢作风和缺乏应有的担当就引起了不满与怨恨。在广东东莞，也有一家加工厂的设施课长不时开除员工，但从不面对员工的解雇问题，一切聘雇/解雇均交给人力资源部处理，这样的主管当然也不会懂得培养员工和爱惜员工的重要与辛苦。

　　在处置辞退员工时，除了以妥当的方式安抚外，经理人对被辞退者必须有一定的尊重，同时也需注意维护公司的安全和利益，被辞退者应即刻安排交接，离开公司，不得再接触任何设施（如电脑）及文件。

第 6 章　营运工程与管理

营运工程与管理（operations engineering and management）多半需要依靠运筹学与统计学的模型来解决实际的管理问题，因此数学的专业要求比较高，许多经理人甚至不知道有数学模型。本章着重于基本概念介绍，以期帮助读者能增加这方面的认识。

"工程"是利用数学和科学解决实际问题的学问，"营运管理"是指：设定并执行一系列（有先后关系）具有附加价值的企业活动 （特别是生产或服务行为），利用投入（最少）的资源，成就最优的企业绩效。这里提到的：

- 一系列的企业活动总称为"企业过程"（business processes）；
- 利用最少的资源（投入部分，如自然资源、金钱、时间等）达到最好可能的企业绩效（产出部分，如利润、市场占有率、成本等）是运筹学中"最优化"的问题。

在企业里，营运的功能组织可以包括：

- 生产——存量、工艺工程、人力安排、规划、调度、制造与维修。
- 售后服务——客服工程（customer engineering）、零备件。
- 质量——质量工程与管制、品质保证（quality assurance）。
- 资讯——资讯中心（data center）、通信网络、软件工程。
- 采购、交通、环保卫生安全、设施、保安、总务。

但不包括销售、产品工程、财务、人力资源。

尽管功能不同，但是工作的任务与手段都不外乎：

- 设定并宣导组织的策略/任务；
- 考量到可用的资源，设计工作流程（企业过程）并使之顺利运转；
- (利用数学营运模式)作资源（如设施与职工）调配，确保有效的生产与服务行为；
- 按照客户、员工以及组织需要的轻重缓急，做出营运计划；
- 维持人员的配置、技术、能力及其积极性，以符合组织需要；
- 进行绩效评估与管理，提升总体效益与效能。

下面将逐次讨论企业过程、营运环境与特性、营运模型的建构与解法以及实施过程。

6.1　企业过程的建构

企业过程是企业活动所遵行的流程，严谨的公司都会为各类行为分别厘定企业过程，并认真地按此行事，也唯有如此才能使得一切企业活动都有迹可循，从而知道企业过程的实施是否符合绩效要求，以及如何做修正与改善。

　　构建一套企业过程，可分层次由上而下进行。从某一项任务开始，先将该任务分解成较低层次的子任务，然后，每个子任务又可继续分解成更低层次的子任务，如此继续到最低一层无须再行分割为止。以采购为例，图 6.1 列有三个层次：0 级，1 级，2 级。

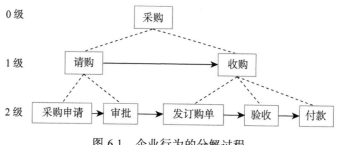

图 6.1　企业行为的分解过程

　　左边的采购申请与审批再细分下去，就成为图 6.2 所示的流程，而从发订购单到付款的各项分解就成为图 6.3 所示的流程。两个图在上方的位置标有部门名称，其下所示的各项活动就是该部门应负责的工作。不难发现，公司的政策也一同包含在企业过程中。例如，采购金额超过 2000 元，处理方式就会不同；又如，财务部门的介入审查，以及招标的方式等等。因此，企业过程实际上就成为企业行事的规范。由于每次都遵循相同的方式处理业务，若有缺失就比较容易察觉，因而才能进行调整与改善。经理人在界定企业过程与执行此项工作时必须认真对待。

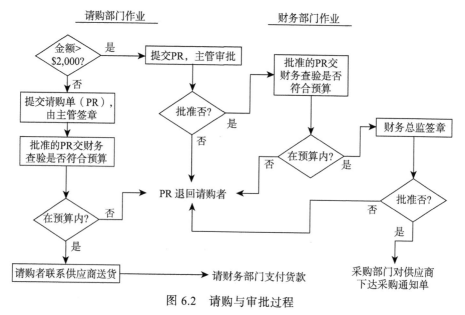

图 6.2　请购与审批过程

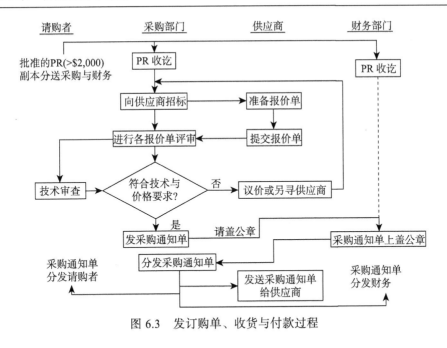

图 6.3　发订购单、收货与付款过程

6.2　营运的环境

　　企业的营运方式由不同的因素决定，以制造产品为例，就其重要者来说，其一是生产的数量，其二是进入市场的急迫性（在竞争激烈的高端科技产品市场，这点尤为显著），其三是客制化的程度。产品及早进入市场的风险在于：（ⅰ）因为时间仓促，质量验证不足，（ⅱ）产品设计未臻成熟，过早进入市场，增加了工程设计变更的成本与困难。因此，生产数量大、紧迫性高时，困难度（短时间的大量生产）与风险性都会相应增高，生产数量与进入市场的紧迫性关系可用图 6.4 来表示。

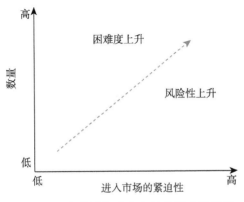

图 6.4　生产数量与进入市场的紧迫性关系

依客制化不同可分为四种类型：

（1）计划生产（make-to-plan，MTP）——按照一个预定的计划，在一定时间内生产出计划所规定的数量，如生产刀片。

（2）接单组装（assemble-to-order，ATO）——预先储存零件，接获订单后即开始组装产品，如网购自定规格的个人电脑、速食店与餐馆。

（3）接单制作（make-to-order，MTO）——接获订单后，开始制作或采购零件，然后再行组装产品，如订购客制化设备。

（4）接单设计（engineer-to-order，ETO）——接获订单后，才开始进行产品设计与制作，如造桥工程。

这四类生产营运方式的差异在于：为了完成生产行为，所做的需求预测或要求不同。MTP 需要做市场对产品数量的需求预测，ATO 要预测生产材料的需求，MTO 预测的对象是产能需求，而 ETO 是对自己工程设计能力的要求。这些差异如图 6.5 所示。

计划生产 (MTP)
    产品需求预测 → 准备工作 → 进行生产
      ^ ---------- 计划 .... ^

接单组装 (ATO)
    材料需求预测 → 准备工作 → 进行生产
    订单 ----------------------- ^

接单制作 (MTO)
    产能需求预测 → 准备工作 → 进行生产
      订单 ------------- ^

接单设计 (ETO)
    能力需求预测 → 准备工作 → 进行生产
      订单 ---- ^

图 6.5　生产营运的类别

了解这四类生产方式后，就可以介绍"非偶点"（de-coupling point）的概念了[①]。

图 6.6 的上半部灰色区块显示的是一个典型的企业由接订单到生产与交货的流程。首先，市场/销售部门从客户（流程的右方）接到"客户订单"，如果是 ETO，订单先交工程部门进行设计，接着向供应商采购材料，再制作产品，然后交货。若是 MTO，就无需再进行工程设计，直接从订单的资料转换成物料清单，进入采购材料阶段后，其余流程与 ETO 相同。在 ATO 的情况下，因为已具备了材料，收到

① 参考资料：Giesberts，Paul M.J. and Tang van der，Laurens. Dynamics of the customer order decoupling point: impact on information systems for production control. *International Journal of Production Planning and Control*，1992，3：3.

订单后就可立即进行制作组装，最后，MTP 的模式是收到订单即发货。这四者的流程中，从"客户订单"处的位置，由上往下的箭头指向之处就是"非偶点"，在此点上游（左边）的企业活动（上游的活动主要是材料的采购）都需要通过预测来决定所需的人力与物力（例如，ATO 需要知道预先存放多少生产所需的材料），所以称之为"预测驱动"，而且预测的各项需求数量是相互关联的（例如，在 ATO 情况下，产品所需的各项材料有一定的比例关系），因此各项需求不是相互独立的，但是在非偶点下游（右边）的活动却是"订单驱动"，而且不同订单需求量也是相互独立的。

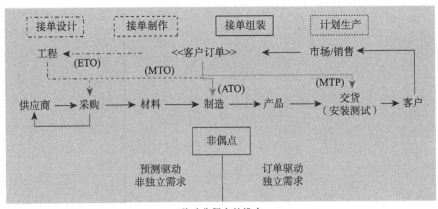

图 6.6　营运方式与非偶点

这四种营运模式所对应的非偶点分别为"工程""采购""制造"与"交货"。从另一个角度来看，选择某一种营运模式是由非偶点的位置来决定的，其位置受两股推力左右：（i）倘若市场需求无规律可循，预测困难，订单多变更，产品与制造的变易性大，产品价格成本高，就会促使非偶点往上游移动，以期尽量减少预购的材料与存货。反之，（ii）接获订单后，交货期过长（超过客户的要求），交货期不准确，供应链管理或产品质量管控不良，就应当使非偶点移向下游，从而更好更快地满足客户。这两股推力，前者来自于需求问题，后者是供给问题，一个公司必须至少管控好其中的一股，如果两股都失控，就会造成公司营运上的困难。多年来有一些半导体设备公司就经常面对此困境，一方面市场对设备需求变化太快，半导体制造技术不断要求更新，另一方面设备公司本身工程管理与质量管控不够严谨，两股推力的失控造成交货期失误、产品缺件、高制造成本，几乎成为常态。

讨论至此，可以把营运模式、产品进入市场的紧迫性与生产规模（数量）一并纳入考量。依此三个参数作为图6.7的三个轴，立方体中列出不同产业在此三个轴上的位置，举例而言，半导体设备介于ETO与MTO之间，相对的低量产，但进入市场的紧迫性较高；艺术作品无紧迫性，属于计划生产（在极少一情况下，也会在接单后进行"生产"）；救灾工作艰巨困难，是高数量，依情况而操作的ETO，且紧迫性极高。

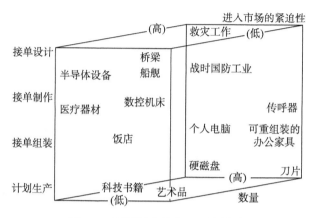

图 6.7   不同行业的营运环境模式

至于服务业，也可依此定位，譬如，旅行社的作业，可以有先行规划旅游的路线、食、宿、交通，然后以旅行团的方式招募参加者（MTP）；也可等到顾客上门，从合作伙伴的旅馆、航空公司等订座（ATO）；另外，有获知需求条件（时间，预算等）后，替顾客去寻找最合适的旅馆与航班（MTO）；最后，当然也可以专门替不知去何处度假的顾客专门安排一趟私人假期旅游（ETO）。读者不妨自行拟定行业，做类似的考量，当作练习。

为了顾及一致性，本章下面各节的讨论需要以实例说明时，将以零备件为例。零备件是设备或器具维修时所需的材料，若设备用于生产，则缺件可能导致停产，而造成极大的损失，所以一旦需求发生，其紧迫性也会较高。另外，零备件的需求来自设备故障，因此需求量不但低，而且有极高的随机性。此外，因其需求量少，采购成本相对高，交货期长，而仓储成本也会较高，若有设计变更，零备件会即刻变为废品。由此观之，零备件的管理问题就成为十分突出的例子了。

6.3   模型构架与求解

面对营运问题时，首先应考虑的是：
• 目标——需要完成什么？到何种程度？

例如,以核定的库存预算添置各类零备件,达到最大供应水平(零备件供货率)。

• 范围——解决方案的涵盖面?

例如, 限于现有的生产使用的设备。

• 影响面——该解决方案会影响到谁?

例如, 在企业外部,包括客户、供应商;内部包括供应链管理(采购→发货)、销售、客服工程师、资讯、财务。

• 可提交的事物——该解决方案可以提供什么具体的事项?

例如, 各类零备件库存数量,预期的供应水平,所有零备件存量总成本。

解决营运问题时, 数学模型是常用的手段。建立模型时需要考虑:

(1)绩效参数(产出部分: 所要求的是什么?)。

(2)可用的资源及其限制(投入部分: 可用的是什么? 有什么制约条件?)。

(3)可管控的变数(管控部分: 应做的是什么?)。

然后找出三者相关的逻辑结构,成为一个可解的数学模型,按照此框架写出演算程序, 依此得到所期望的解答。

在图 6.8 所显示的备件模型中, 有三方介入:(ⅰ)客户——需要订购零备件,维持设备运转;(ⅱ)零备件提供者——管理零备件存量,递送零备件给客户(可以是同一公司内的生产单位,或者是外部向公司采购设备的企业),向供应商订购零备件;(ⅲ)供应商——制造并提供零备件。对应前面提到的三类参数:

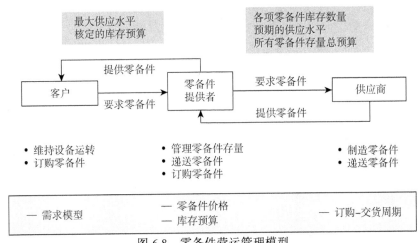

图 6.8　零备件营运管理模型

• 绩效参数包括图 6.8 中左上方所显示的: 在核定的库存预算内(零备存量的总成本)达到最大供应水平(缺货概率最低)。

• 可用的资源及限制列于图的下方框内,客户对各类零备件需求的模型、零备件价格、库存预算以及订购–交货周期（从发出订购单至收到货的时间间隔）。

- 可管控的变数即为各项零备件应库存的数量，此库存的总成本不超过总预算，同时能达到最大供应水平。

上述第三项就是数学模型的解。

由于数学模型及其解法专业性较强，下面仅提供零备件模型求解的基本概念与步骤（对细节有兴趣的读者可参阅周玮民著《随机服务系统的理论与实务》，科学出版社，2016）。

（1）按照每项零备件需求的模型（连续两次对同一零备件需求时间间隔的统计分布），以及该零备件订货–交货周期的统计分布，估计不同存量的缺货（已发送完手中的存货，但向供应商所订之货仍未进库）概率。

（2）计算在不同存量情况下每项零备件所费的成本。

（3）用第（1）和（2）项的结果，在不超过库存总预算条件下找出最大供应水平。

假定

$$n = 零备件的类别数$$

$$d_i = 零备件 i 的需求率（单位时间的需求量），i = 1, 2, \cdots, n（零备件的类别数）$$

$$c_i = 零备件 i 的单位成本，i = 1, 2, \cdots, n$$

$$p_i(m_i) = 零备件存量为 m_i 时的缺货概率，i = 1, 2, \cdots, n$$

那么在 $c = \sum_{i=1}^{i=n} c_i m_i \leqslant b$（总预算）的条件下，要找到一组 $\{m_i \mid i = 1, 2, \cdots, n\}$，使得缺货（平均）概率

$$a = \sum_{i=1}^{i=n} p_i(m_i) d_i \Big/ \sum_{j=1}^{j=n} d_j$$

最低，也即供货水平 $r = (1 - a)$ 的值极大化。这个问题也可以从反面来提：在维持供货水平不低于 r 的条件下，寻出一组 $\{m_i \mid i = 1, 2, \cdots, n\}$ 使得存量的总成本 c 最低。表 6.1 是一个简单的例子，共 10 类零备件，单位成本与订购–交货期间的平均需求量如表所示。当供货水平的要求分别为 93% 和 98% 时，求得的最低库存价值的解：各类零备件库存水平（target stock level，TSL）与供应率（fill rate）列于表中最后四列，其相对应的总体供应水平与最低总体库存价值在表的最后两行。（注：这个问题的陈述看似简单，实则在数学上并无简单的解法，表 6.1 提供的是一个有效的近似解。）

表 6.1　零备件存量最优化

零件类别	成本/$	订购–交货期需求量	目标 93%		目标 98%	
			TSL	Fill Rate	TSL	Fill Rate
1	12955.7	0.125	0	0.00%	1	88.24%
2	5182.29	0.250	1	77.88%	2	97.35%
3	1880.42	0.125	1	88.24%	1	88.24%
4	1644.81	0.500	2	90.98%	3	98.56%
5	808.52	0.250	2	97.35%	2	97.35%
6	392.08	0.750	4	99.27%	5	99.89%
7	116.84	0.500	4	99.82%	4	99.82%
8	13.92	0.125	3	99.97%	3	99.97%
9	10.44	0.750	6	99.98%	6	99.98%
10	4.35	0.625	6	99.99%	6	99.99%
		总体供应水平	29	93.67%	33	98.71%
		总体库存价值		14136		34310

注：TSL=库存水平，fill rate=供应率.

在不断改变供应水平的要求下，利用同一个数学模型可以得出一系列的结果，由此作出一条"报酬曲线"（图 6.9），作为管理决策的依据。随着总库存成本的增加，供应水平也得到相应的提升，但是提升的速率逐渐下降（此现象十分普遍，在经济学上称作"边际报酬递减律"），管理决策可依此选择适合的营运点。当供应水平大于 95%时，图中的曲线趋于平坦，增加存量的效益已不显著了，因此可考虑以此为营运的库存点。

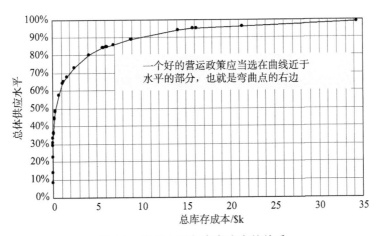

图 6.9　供应水平与库存成本的关系

6.4　营运政策的厘定与执行

决策过程中应该分析由模型得到结果的可行性，以及（i）对外部客户与供应商的影响，特别是预期的供应水平是否符合要求，满足客户，（ii）对处于（由采购到递送）供应链上内部的各部门的影响（如采购、物料管理、财务、销售、客服工程师（customer engineer）、运输以及资讯），财务方面以及运作上有无困难，如无问题，可由负责业务的（零备件）经理提出该项营运计划，经过内部所有相关部门签结（sign-off）同意后，就算完成了"应诺过程"（buy-in process）。最后，由营运部门主管或总经理批准，成为正式营运政策的一部分。

上面提到的签结是应诺过程中一个重要步骤，在此之前，营运计划应先分发至各相关部门，并与这些部门讨论新计划可能带来的问题以及相应解决之道，只有在大家同意的情况下才有可能完成签结。

新的营运政策也可能导致下列问题：（i）改变现有的企业过程，甚至企业组织；（ii）需要引进新的应用工具（application tools）。在大多数情况下，可以用：

- 培训——学习新事物，从而改变自身的行为，
- 试车——少量的试验，以证明其可行与有效后再推广

来解决。而在规模较大、影响深广的情况下，企业应当考虑以全面变革管理（change management，在第 8 章讨论）方式进行。

图 6.10 是一套零备件管理计划实施的企业过程。计划中应该清楚地写明谁是此过程的启动者（零备件经理），实施的前期通常需做调整，以符合新的营运计划。以调整零备件的存量为例：若现有存量低于新计划的存量要求，就需补充零备件，若现有存量过高，则用后不予补充，直到存量合乎新规定为止。

图 6.10　计划实施过程

在实施过程中，"营业记录"（如更新库存记录）是十分重要的，有此记录才能做"绩效测定"（如库存水平、供应水平、需求模型、订购–交货周期），检验新计划，并做必要的调整与改进。

6.5　营运政策的评估、验证、修正与改善

营运政策需要不时地检验，许多人依据过去习惯在行事，若对新的方式有异议，

最常听到的回答就是："过去一向是这样做的"，显然这样的态度是难以期望任何进步的。所以计划–实施的过程中应当进行：

● 评估——评估营运计划实施期间的绩效，以度量效果、分析资料、总结绩效为手段，例如，在零备件的管理方面，测定的供应水平 = 已满足的需求量/总需求量。

● 验证——比较实际结果与预期的效果，例如，（依统计学的观点） 比较测定的供应水平与原先设定的目标。

● 修正——实行监督，发现任何行为偏离营运政策或者企业过程时，加以纠正。若并无偏差，但绩效不彰，就可能是计划本身需要修正。

● 改善——改善的机会存在于多方面，包括引进新技术或工具、提升质量、降低成本、缩短时间、控制变易、降低复杂度等。

下面就对改善的机会做简单的讨论：

（1）控制变易——变化少的系统其行为比较容易预测，因而增加了计划的可行性，稳定的系统也相对容易管理，应对极端状况所需的资源也较少，最终是可以有效地降低成本。

（2）缩短时间——快捷（agility）的企业行为，降低了未来的不可知带来的困扰，因而降低了企业的风险，也降低了以备不时之需的成本。

（3）相互协作以分享资源——对每个参加协作者而言，因资源共用而风险随之降低，总成本为之下降。

（4）控制问题的规模与复杂性——减少所需管理的类别（如零件），简化企业过程或工作程序，让标准化成为规范。

（5）资料（参数）精准性——利用统计学（如需求预测）和工程学（如可靠性分析）的方法，可以得到较准确的资料，因而能有较好的管理效果。

（6）降低成本的措施——降低未定、含混或未知的状态，改善资讯的精准性，利用共用资源，快速周转，控制变易，消除浪费，权衡得失（trade-off analysis，譬如，多个供应商可以降低缺货的风险，但是会增加采购成本和管理行政费用），考虑数量的经济性（economy of scale，因为数量多的关系，而降低了固定成本的分摊，多量生产行为下，常采取分工方式，从而增加了效率，参见第 6.6 节的学习曲线）以及功能的经济性（economy of scope，同批资源可用于多重目的（功能），较广的涵盖面促使边缘技能 （inter-discipline）发展）。

在结束本章前，介绍企业界常提到的一个重要而实用的概念：学习曲线（learning curve or improvement curve or experience curve）。

6.6　学　习　曲　线

大家都知道熟能生巧，但是第一个能把"熟悉"与"技巧"量化的人应该是美国航空工程师西奥多·莱特（Theodore Paul Wright），他于 1936 年提出了一条经验公式：随着经验的积累，飞机制造的成本呈负指数关系下降[1]，这个概念以后就被工业界广泛采用，而沿袭至今。

图 6.11 所示是一个典型的学习过程。图中每一点代表一日完成的工件数。其总体趋向如图中的曲线所示，可用一指数函数来表示。以 X_n = 第 n 日（平均）完成的工件数，Wright 模型写为

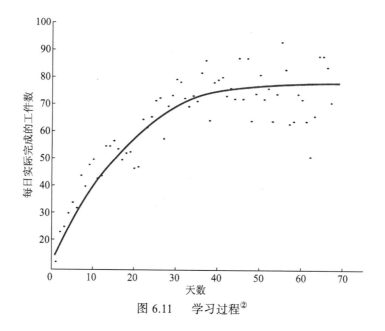

图 6.11　　学习过程[2]

$$X_n = a \cdot n^b$$

该式的两个参数 a 与 b，可以实际观察为资料，由"最小二乘法"（least square method）来决定。在应用上，n 可以解释成时间（如 X_n 第 n 月的绩效），也可代表次数（X_n 是制造的第 n 件的时间），那么，第一次的估计平均值 $X_1 = a$。

整体改进的速率可由下面比值来解释：

$$h = X_{2n}/X_n = 2^b \quad \text{或者} \quad b = \log_2 h$$

由经验得知，如 $\{X_j\}$ 为手工操作时间（此时 X_j 为减函数），则 $h \in (0.7, 0.95)$。换言之，当工作次数加倍时，操作时间减少 5%～30%。在设计新系统时，通常尚无观察样本，此时可以假设 $h = 85\%$，也即 $b = \log_2 0.85 = -0.2345$。反之，图 6.11 中

① Wright T P. Factors Affecting The Cost of Airplanes. *Journal of Aeronautical Science*，v.3，1936

② 资料来源: Glover J H. Manufacturing Progress Functions. *Intn'l J. of Production Research*, v.5, 1966

的 X_j 为增函数，h 的值多半介于 1.05 和 1.43 之间。

另一较复杂的模型由 J. H. Glover 在他的一篇论文[①]中提出，以逐日累积工件数

$$Y_n = \sum_{i=1}^{i=n} X_i$$ 为变数，则

$$Y_n = c \cdot n^d$$

其中，c 和 d 的求法与 a 和 b 同。因为每一个 Y_n 都由 X_1 起算，所以此模型的特点在于加重前期的行为对学习效果的影响。

察看图 6.11 中的前后期可知：（ⅰ）前期改进速度较快，因此强调前期数据的 Glover 模型往往较之 Wright 模型更为精准，而（ⅱ）后期虽有较为稳定的平均工件数，但每日差异变大。

除了时间与成本的改进外，学习曲线也可用来预测与质量有关的良品率，图 6.12 列出前 39 个月 IBM3380 磁盘（head and disk assembly，HDAGlover J H.）生产线上"表面分析测试"（surface analysis test，SAT）所得到的良品率，利用前六个月的资料（图中垂直虚线左边的六个点）所求得的 Glover 模型，描出图中的曲线，此与后来 33 个月的观察值十分贴近。

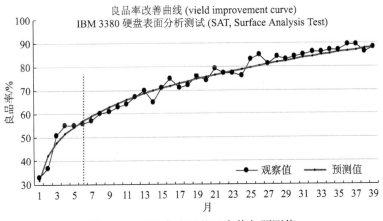

图 6.12　良品率改进的观察值与预测值

学习曲线在帮助企业营运规划、监控与改进上都具有很大价值。本章的讨论就以下列有关学习曲线的提示作为结束：

- 产能先期规划——学习曲线说明了每期"可期待"的生产率。
- 预估资源投入——此与前一条的产能相关。
- 及早提示问题——若根据学习曲线的预测，在一定期间达不到目标，就需及

---

① Glover J H. Manufacturing Progress Functions. *Intn'l J. of Production Research*, v.5, 1966

早采取改善的行动（我曾用早期生产良品率为资料，推测一年半后产线达不到预定的产能要求，测试与产品工程师据此做规格变更，因而提高了良品率，节省了生产成本）。

• 安排员工工作——每个员工从事不同工作时有自己的学习曲线，依此可安排每个人适合的工作，以提升整体绩效。

• 降低培训成本——理由同前一条。

• 设定绩效目标——以"平均"学习曲线设定目标，据此做员工或团队的绩效考核（如第 5 章中，讨论图 5.2 所示的各人绩效与平均绩效的关系）。

• 合理提报价格——供应商对客户报价时，应以订购量与学习曲线的关系为参考。

第 7 章　规划与管控

很多企业会设置"规划与管控"（plan and control）的功能，其目的是希望利用验证过的方法，以有限的资源用在适当的工作上，从而能有效地达到预定的目标，完成企业的任务。和一般管理的行事方式相同，这个过程也是"规划—执行—考核—改善"周期的不断循环。从企业运作来看，公司一切收支都需经过财务部门，明细记录与最后盈亏都会反映在财务报告上，因此规划与管控的功能常常被置于财务部门。下面就从经理财务（finance for manager）开始讨论。

7.1　经理财务 I——资产负债表与损益表

经理人必须对财务有一个基本认识，本节将介绍两个主要的会计报表，讨论财务分析以及内部管控过程。

对会计学的了解是财务管理的基础要求，几乎每一项管理行为的后果都会呈现在"资产负债表"（balance sheet）或"损益表"（P&L，Profit and Loss，Gain and Loss，Income Statement）内。这两份会计报表共分五个区块，报表与区块的定义载于图 7.1。不同的企业行为的结果，依其性质不同，经过会计作业的整理后，分别记入一个或多个区块中。作为一个经理人，他必须了解每个区块的内容以及企业行为产生的结果如何显现其中。

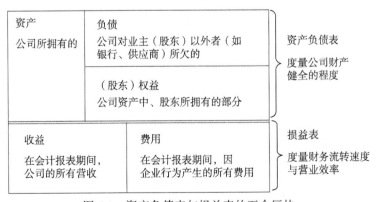

图 7.1　资产负债表与损益表的五个区块

图 7.2 显示的是典型的资产负债表的内容，"资产"（assets）包括公司会计账上记载的所有财产，从现金到厂房设备等，此财产并非全部为公司所有，其中一部分可能是来自于欠债（譬如，厂房的总价值中有银行抵押货款部分未曾扣除），公司对外的债务就总结归之于"负债"（liabilities）项下。另一部分资产则确实为公司股东（也即业主）所有，称之为"权益"（equity）或"业主权益"（stockholder equity），这部分包括股东们拿出来的资本，盈利中未曾分配的保留盈余，或者不同形式的公积金。因为负债与权益之和互等于资产，表中的双横线上的金额相等（英文称此表为 balance sheet，直译为"平衡表"）。

资产负债表 ($1000000)

资产	FY01	FY00
短期资产		
现金	$1356	$1648
短期投资	3485	2580
应收账款	776	2351
存货	1413	1504
延付税款及其他	751	756
总计	7782	8839
厂房及设备	1706	1367
其他资产	340	340
资产总额	$9829	$10546
负债及业主权益		
短期负债		
应付期票	$5	$106
应付账款与预计费用	1478	2269
应付税款	50	385
总计	1533	2760
长期贷款	565	573
延付税款及其他	124	109
负债总额	$2222	$3441
业主权益		
普通股	$8	$8
加注资金	1881	1930
保留盈余	5717	5166
权益总额	$7607	$7104
负债及业主权益	$9829	$10546

图 7.2　资产负债表

注：因为四舍五入，故在加减后表中显示的数字有误差为 1 的可能

一个财务健全的公司，负债与资产之比不宜过高，但是负债过低，却显示公司的运转过多依赖业主的资金，而趋于保守，无法扩大业务。此外，应注意的是：会计账记的是交易发生时刻的金额数，并不反映历年因通货膨胀或其他原因而增值后的市场价值。图 7.2 中的普通股仅 800 万元，比其他后来发生的权益低了许多，这些普通股在表中仅反映了面值，在当期市场出售的现值可能大大地高出股票的面值

（当然也可低于面值）。

表中各项的先后排列，在习惯上是先列变现快的项目，如资产中先列现金，不动产变现速率差，就列在后面。资产中的现金来源有三个：发行股票、发行债券或贷款、营收。股票成为业主权益，货款与债券是负债，营收减去成本（费用）后，变成盈余，盈余未分给股东部分就成为"保留盈余"。由此可见，资产增加时，必有负债或权益的相应增加。

应收账款（account receivable）来自于销售产品或提供服务后，发出了凭单给顾客，但是尚未收到现款。存货的变现能力低于应收账款，对制造业来说，其内容包括原材料、在制品（work-in-process）和产品，随着时间的推移，原料变为在制品，在制品再变成产品，最后产品变成现金或应付账款。在此过程中，因为附加价值的介入，价值不断提高，但是这是以费用成本换来的，因此存货价值因为生产行为而增高，而现金支出或应付账款也相对增加。

厂房与设备因使用而出现价值递减，在会计学上称为"折旧"。折旧的方式需按国家会计法规计算，一般来说厂房折旧期为 25～30 年，设备为 3～7 年。以平均分摊最为普遍，以五年为例，每年设备的价值减少 20%，减少部分作为成本从营收中消除，所以资产中该项设备少了 20%，盈余也少了 20%（或者亏损增加了 20%）。

资产又可分为"营运资产"（operating assets）与"非营运资产"（non-operating assets）两类，前者是用作日常营运活动而产生收益的资产，后者与此相反，包括公司长期的投资（如有价证券）、未参与营运活动的待售房产，或者诸如版权与商誉等无形资产。

至于图 7.3 损益表中的两大项：（i）"收益"部分包括：因提供产品或服务而发给客户凭单的总额，除去退货、宽免、折扣的金额，所以是"纯"收益；（ii）"费用"部分则是因接受货物或服务而需付出的金额，同时也包括了公司产品开发、市场、销售以及行政支出等。此表显示了制作报表当期（先后连续两次报表制作的间隔，通常是以一季为一周期）所有金额的流入与流出。

损益表的第二项的"销售成本"包括制作产品或提供服务的一切费用，也包含了废品的成本。由收益中去除销售成本的金额称为"毛利"（gross margin），这是一个重要的财务概念，是其他开支尚未减除之前的盈收，人们以此看待公司盈利的潜能，而且往往以毛利与收益的百分比来作比较，图 7.3 的例子显示的是较高的毛利，为 44.29%。

损益表中毛利之后是营运费用（operating expenses）的支出，相对于销售产品的数量而言，这项支出较为固定（不因产品数量改变而有显著改变），有人把它当作一项"固定成本"，反之，前述的销售成本与产品数量成一定（混合）比例关系，所以被当作"变动成本"。因而有了下列公式：

销售收益 － 变动成本 ＝ 毛利 ＝ 固定成本 ＋ 利润（亏损）

利润减掉应缴的所得税后得出"净利润"，一般的损益表就做到此处为止。若以净利润除以公司发行的普通股票数就是"每股盈收"，股票市场价格常以此为参考数据。

损益表 (P&L)

收益	7343	
销售成本	4091	
毛利	3252	(44.29%)
营运费用		
研发与工程	1199	
市场与销售	508	
一般与行政	394	
非经常开支	221	2322
营运收入		930
利息支出	48	
利息收入	222	172
税前利润		1104
所得税		329
变更会计作业的调整		(267)
净利润		508　(6.72%)
每股盈收 EPS (earning per share)		0.62

图 7.3　损益表

为了进一步说明，在图 7.4 的例子中列有八类交易（图左边）与六类参与者（图右上），在参与者后所列的数字分别是他们参与的交易类别，图的右下部分是资产负债表与损益表的五个区块，各区块内的数字是交易类别，显示了各交易类别产生的金额所应列入的区块。数字有括号时表示该交易可能出现的地方，例如，采购原料（第 3 类交易）若尚未付款，就会产生"应付账款"而列入负债项下，此时"资产"项下的"现金"不变，但是"存量"价值增加。签订服务合同（第 6 类交易）时，若以预付方式购买以后的服务，则营收就应列入资产与收益项下，反之，若合同签订时并无收益，则无金额可入账。

最后，应该提到的是：在会计作业上有所谓的"现金制"（cash system）与"预计制"（accrual system）两种记账的方式，前者的记账方式是发生现金（或支票）收支时才记入账册，而后者是在交易成立时（不论有无实际收支），即行入账。譬如，在卖出货品而尚未收款的情况下，采用预计制时，只要发了货且送出凭单，货款就可计入收益，而在现金制下，必须要收到现金（或支票或汇款）才能算做收益。

交易类别

参与者

公司集资
1. 发行普通股票
2. 贷款

为生产与基建的采购
3. 购买生产原料
4. 安装新的资讯系统

营收
5. 出售机器给客户
6. 签订售后服务合同

其他年度末的支出
7. 租用办公楼
8. 支付所得税

a. 公司员工-1~8
b. 投资者-1
c. 银行-2
d. 营造商-4,7
e. 供应商-3,4
f. 客户-5,6

资产	负债
1, 2, 3, 4, 5, (6)	2, (3), (4)
	权益 1
收益 5, (6)	费用 3, 4, 7, 8

图 7.4　交易的参与者与各项交易应列记于会计报表的位置

7.2　经理财务 Ⅱ ——财务风险管理

　　财务管理的一条金科玉律："不让意外发生"。事实上，企业风险可以任何形式、以任何规模出现。例如，存货可以变为废品，应收账款成为呆账，产品工程变更导致过高的售后成本，等等。财务风险管理（financial exposure management）就是希望能及早发现问题，经过适当处置，不让危机发生，或者至少降低损失。下面列举六个方法。

7.2.1　保留金额

　　对可能发生损失的事件做风险评估，如果发生的可能性高而且能够量化（譬如，可能赔偿客户损失的费用），可以把与之相当的款项"保留"在资产负债表内（例如，成为现金的一部分），暂不动用，倘若该项"支出"（如支付赔偿）实际发生，就正式记入资产负债表中（例如，因赔偿而现金减少）。如果该事件后来得以消除或损失降低，那么相应的保留款项就可移出，而当作利润移入损益表中。

7.2.2　内部财务报表

　　就像制作资产负债表与损益表一样，一个企业也可以每季甚至每一两个月编制一套内部报表，其内容可以有更多细节，如收款周期（发货后多久可以收到货款）、存货周转率（全年出货量与平均存量之比）、良品率、员工人数等。报表可以列出：前几期的实际量、当期应达到的量、后几期的计划量。编制这类报表的目的是为高阶管理层的策略与决策提供较可靠的依据（某些公司为逃税，会制作两套报表，应付税务局的报表是假账，内部报表才是给自己看的，此处讨论的当然不是这种舞弊的手段）。

7.2.3 损益表分析

损益表显示的是资金流动的方向与数额，从各项之间的比例以及前后期数据的比较，可以从中发掘问题，促使管理人员寻求解答，进而了解企业运作是否正确平稳。图 7.5 的最后两行，"比值"所显示的百分比是以 2000 年度（FY00）收益为基数，净毛利和净利润与收益的比分别为 4856/9564 = 50.8% 和 2064/9564 = 21.6%，而"差异"是指 2001 年度与 2000 年度相比每项数额的变化，该图显示两年的收益差为（7343 – 9564）/7343 = –30.2%。这两个方法，前者称作"同基数分析"（common size analysis），后者为"水平分析"（horizontal analysis）。

	FY01	FY00		差异 %
销售收益	7343	9564	100.0%	–30.2%
销售成本	4091	4709	49.2%	–15.1%
毛利	3252	4856	50.8%	–49.3%
营运费用：				
研发与工程	1199	1108	11.6%	7.6%
市场与销售	508	483	5.1%	4.9%
一般行政	394	477	5.0%	–21.1%
非经常费用	221	40	0.4%	81.9%
营运费用总计	2322	2109	22.0%	9.2%
营运收益	930	2747	28.7%	–195.4%
非经常收入		68	0.7%	–
利息支出	48	51	0.5%	–6.3%
利息收入	222	184	1.9%	17.1%
税前收益	1104	2948	30.8%	–167.0%
所得税	329	884	9.2%	–168.7%
会计作业调整	(267)			–
净收益	508	2064	21.6%	–306.3%
每股收益(EPS)	0.62	2.56		–312.9%

图 7.5 损益表分析

注：因为四舍五入，故在加减后表中显示的数字有误差为 1 的可能

7.2.4 财务比率分析

顾名思义可知"财务比率分析"（financial ratio analysis）是通过对某些特定的财务数据的比率关系做分析，其所用的数据主要来自于资产负债表与损益表，经理人据此得以：

（1）诊断企业组织问题；

（2）评估资产的利用率；

（3）研究企业绩效趋向。

分析的方法有三：

（1）单独以某特定的比率作为分析比较；

（2）以某特定的比率在时间轴上的趋势做分析；

（3）以比率的趋向与某具有指标意义的参照点做比较。

表 7.1 罗列了常用的比率，读者可以从中了解的它们定义、计算方法以及应用。

表 7.1　财务比率分析

比率	计算方法	应用
存货周转率	全年销售成本/平均存货价值	一年内存货周转的次数
赊销天数（days sales out standing, DSO）	平均应收账款/日销售额（$）	衡量把应收账款转为现金的速度
营运资产周转率	收益/平均营运资产	衡量资产如何被有效地利用，产生收益
毛利率(%)	毛利/收益	衡量毛利
利润率(%)	净利润/收益	收益中每一块钱可看成再投资的数额
营运资产回报率（return on operating assets, ROOPA）	净利润/平均营运资产	资产管理的效益
每股盈收	净利润/股票发行的总股数	主要用来对股东宣达公司营利的状况
员工平均创造的收益	收益/员工总人数	以员工为单位创造的平均绩效

"存货周转率"是存量管理常用的绩效指数，周转率越高表示押在存量的资金流转得越快，一块钱一年转了十次与转一次相比，就等于当了十块钱用。"营运资产周转率"也与此相同。"赊销天数"是指销售或服务完成后，平均多少天后收到客户支付款。

这些比率中应当数"营运资产回报率"（ROOPA）最为重要。这是衡量一个企业能运用营运资产创造利润的能力，对客户、员工、股东都有重要的意义。经理人必须知道营运资产周转率与利润率是如何计算出来的，又如何影响到营运资产回报率。读者可以作如下的练习，来加深了解：

察看下列各项企业行为，以判断对营运资产回报率的影响（是提高，还是降低，或者并无影响？）：

（1）根据市场预测而增加产量。

（2）替客户作设备安装的收费增加 20%。

（3）接获客户的一张 300 万元的订单。

（4）送出 10 台设备（产品）给客户。

（5）与一位主要客户谈判后，同意对他降价 15%。

（6）免费为客户做产品工程变更。

（7）支付外来审计公司的费用。

（8）设立一个新的实验室，且已完工开始使用。

（9）签妥一桩 200 万元的服务合同。

（10）改进采购部门的工作效率。

（11）增发股票。

（12）全体员工薪资调涨。

（答案：（1），（2），（4），（10）提高回报率；（5），（6），（7），（8），（11），（12）降低回报率；（3），（9）无影响）

由于每个公司的资产负债表和损益表是对外公开的，管理阶层应当以竞争者为参照，用自己公司的财务比率与之做比较，以了解自身的市场地位与竞争能力。

7.2.5 现金流转

现金的流转量是长期支撑一个公司运作的重要指标，一个公司即或有收益与利润，但是现金流转出了状况亦难继续维持下去，尤其对一个新公司来说更是如此。所以许多公司会编制“现金流量表”（cash flow statement），分三类来源：

（1）营运——公司运作过程中产生现金的收入与支出，这部分现金流量的计算从损益表的纯利润开始，加（减）资产负债表中非现金资产的减少（增加）量和负债的增加（减少）量，再加上固定资产的折旧费用。

（2）投资——长期投资的增（购入资产、减少现金）减（卖出资产、增加现金）。

（3）金融财务——借贷款、发行（增加现金）或购入（减少现金）公司股票。

这三类中以第一类为主要的现金流量来源，经理人的行为可以直接影响现金的流转。表 7.2 是针对一款新产品出售以来前五季的现金流量，纵然该产品的销售额

表 7.2 现金流量分析

	Q1	Q2	Q3	Q4	Q5
产品销售	0	32	38	62	68
现金流出					
销售成本		14	21	29	36
存货增加量	7	4	5	5	4
营运费用	12	9	10	9	10
资本支出	4	3	1	1	1
现金流出量总计	23	30	37	44	51
来自应收账款的现金流入	0	0	10	30	50
现金净流出	23	30	27	14	1

不断增长，但是货款并未及时收到，现金的净流出在第五季仍未停止，公司若无足够的现金支撑前五季累积净流出量（95 万元 = 最后一行所总和），就会面临财务周转的困难。

7.2.6　内部管控

内部管控是应用于业务运作的一种机制，以确保企业流程符合会计作业原则与稽核方针，从而促使员工能公开地、透明地、规范地从事日常工作。管控的原则如下：

申请：个人是团体的一分子，未申请并经有关人员同意，不应擅自行动。

批准：每个人的职权都有一定限制，必须遵守公司政策。

执行：依所赋予的权限与功能，执行被批准的申请。

汇报：让自己的主管和有关部门知道工作进程与结果。

参考：汇集并能提出与企业行为相关的资料（如文件、单据、证明）。

结束：需有终结行动表示工作完成，如付款、收账、发出凭单。

以采购作业为例，这六项工作的进程列于图 7.6，在各项下标示了参与这项工作的部门。读者可以参照第 6.1 节的图 6.2 与图 6.3 所示的采购企业过程，得到较深入的认识。

采购程序的内部管控

申请	批准	执行	汇报	参考	结束
采购申请	按照财务程序审批申请	采购部门进行采购相关事宜	• 招标 • 评审 • 发采购单或签合约	• 供应商调查 • 供应商报价 • 投标评审书	• 接验收单 • 申请付款

相关部门

| • 使用单位 | • 财务
• 功能部门
• 使用单位 | • 采购部门 | • 采购部门
• 财务
• 功能部门
• 使用单位 | • 采购部门
• 财务
• 功能部门
• 使用单位 | • 财务
• 功能部门
• 使用单位 |

图 7.6　内部管控下的采购程序

7.3　经理财务 Ⅲ——预算规划

预算规划是为了把企业活动以及其所需的资源，经优化后与愿景联系在一起。预算规划是进行目标管理与风险管理的一种手段，也是衡量业绩的工具，实践团队通过预算规划得到了业务与财务管理的训练。

　　预算是最高管理层的责任，由财务部门负责策划，部门主管负责本单位预算工作，然后再由财务部汇编完成，所以是一个由上而下，再由下而上的过程（参见图 7.7）。在企业运作过程中，财务部门应提供月报表，比较预算与实际的绩效，然后由各单位主管解释二者的差异，并做必要的改正。

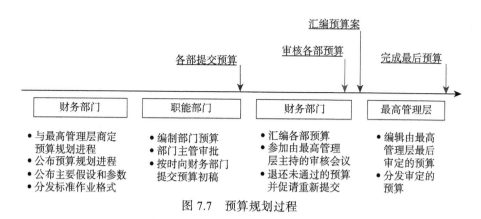

图 7.7　预算规划过程

　　预算规划是为未来做准备，因此需要对企业的前景做必要的假设。这些假设包括：

- 经济与企业状况（利率、购买力、竞争力分析）；
- 市场的需求预测（市场占有率的变动、定价与产品组合、客户业务的变动）；
- 因需求而产生的行为及其所需的资源与成本（人工成本、原料价格的变化）；
- 资本支出（来年支出计划、与前一年度支出的比较、资本支出的优先顺序）；
- 可能发生的费用。

　　因为企业的费用与支出都归结在损益表中，所以有的公司利用损益表来推演下一期的预算，但是这种方式只有在企业本身或市场没有太大的变动时才能有效。

　　在预算批准后的使用过程中，财务部门应每月结算各项实际开支，连同原预算额一并发送给使用预算的部门，尽职的主管应和他的幕僚一起找出差异的原因并做改进（或超出预算或预算编列过多），若有超支问题，应向职工宣达目前情况，及时纠正。这套作业方式通常是采用下列步骤：

　　（1）每月在部门内做例行审核 （通常不超过 1 小时）；

　　（2）每季财务部门罗列各部门各项支出；

　　（3）财务部门组织公司财务审核会议，由总经理主持；

　　（4）讨论重大差异与问题，并做出改进方案。

7.4　人　力　规　划

员工不但是公司的资产，也是责任。管理者的一项重要职责就是要以恰当的薪酬雇聘适当的员工，安排在合适的工作岗位上。每当出现新业务、新专案项目或者在预算规划与审核时，往往就需要做人力规划，以决定每类工种等级（参见第 4 章员工发展）所需人数。规划的方法有：

- 依工作量者——服务业与制造业，如客服工程师、生产线上的操作员。
- 依工作性质者——无法计时的工种，如销售、安全。
- 二者兼有者——如采购。

不论采用何种方法，都需要有参照点来做量化，规划工作可以参考过去经验来决定每项工作应安排的员工数，对尚未臻于成熟的组织，可以利用学习曲线原理来估计所需人数，

我曾在一家美国公司工作，被调派上海而面对中国的新兴市场，当时就客户服务工程师（负责安装与维修公司出售给客户的设备）的人力规划，请教于韩国分公司的总经理李英一先生，他的经验是：这类工程师从新手开始到完全成熟自立，平均需时 5 年。我以此为学习周期，将学习率定在 85%，利用莱特模型（见第 6.5 节），可得出如图 7.8 所示的曲线，其中在第五年底（20 个季度）时，人员比率以 100 为基数，往后推算，季度越早，比率越高。例如，在第五季度时，比率 140 表示：同样的工作，一个成熟工程师需时 100，而工作仅 5 个季度的工程师平均需费时 140，因此同一项工作就需 1.4 倍的人力。

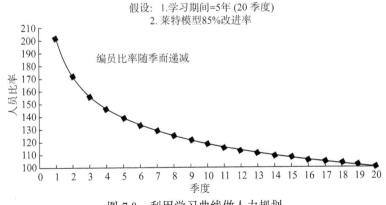

图 7.8　利用学习曲线做人力规划

7.5　市场驱动的质量管理

　　"质量管理"是一门专门学科，从 20 世纪 30 年代发展至今，内容十分丰富，如早期的管制图（control chart）、品质管制（quality control）、80 年代的 ISO、企业过程管理（business process management）、改善（kaizen）、方针管理（hoshin kanri）、戴明轮（Deming Cycle）、全面质量管理（total quality management）、摩托罗拉的 6σ（六个标准差）、制造能力（process capability），等等。这些理念与方法被广泛地应用于企业界，许多机构开设的课程、发表的论文、期刊与出版的书籍比比皆是，读者很容易找到这方面的学习材料，因此本书不做这方面的介绍，而是把讨论集中在对待市场与客户的概念上。

　　所谓"市场驱动"，其原则基于如下的信条：

　　（1）客户是最终的裁决者，他们决定了产品与服务的好坏与企业的兴衰；

　　（2）企业经营的目的就是赢取客户的信任；

　　（3）在供应链（供应商—公司—客户）与企业过程中，下游是上游的客户。

　　对一个企业（我们）而言，客户（他们）的特征是：

　　● 他们是在我们所有的关系中最重要的一群人。

　　● 他们并不依赖我们，相反地，我们的发展得靠他们，就是员工的薪酬也来自于他们。

　　● 他们不是我们的负担，替他们服务并非提供帮助，而是他们给了我们服务的机会。

　　● 他们和包括我们在内的所有人一样，也会表现出偏见、傲慢以及各种情绪。

　　● 他们不是我们可以争执的对象，从未有人在争论上赢过他们。

　　● 他们对我们内部问题并不感兴趣，所以我们自己的问题不能成为拙劣的借口。

　　● 他们会因为我们对其利益漠不关心而离开我们（有调查显示这种可能性高达 68%）。

　　对于客户的抱怨与投诉，经理人应持正面态度以对。事实上，有了不满而从不反映者是最可能（不声不响地）离开我们的客户，提出抱怨与投诉的反而是希望看到我们改正，而可能继续维持关系的客户。

　　在上述概念引导下，经理人应该自觉地自问：

　　（1）谁是我的客户？

　　（2）我的客户们从我这里得到了什么样的产品或服务？

　　（3）我了解客户的需求吗？

（4）如何衡量他们需求满足的程度？满足的标准为何？

（5）我提供的产品或服务达到或超过这个标准吗？

通过寻求这些问题的答案，才能深刻了解自己面对的市场与客户，也才有可能持续地维持与客户的良好关系，有益于企业的永续经营发展。聪明的经理人会想方设法把客户的指教纳入"转化过程"——把投诉转化为成功改善的故事。要做到这个地步，可以采用"无不当投诉"政策，一旦接获投诉，所要做的事是：不去追究谁对谁错，即刻启动转化过程。

最后，在本章结束前，以如下总结供读者参考：

- 推动市场导向概念以及持续改进：企业为客户服务，在内部下游是上游的客户。
- 追求高质量是所有部门与员工的职责。
- 质量管理部门负责协调、培训以及标准制定。
- 需有管理上层的支持：主管汇报或部门会议时，应提出现状报告与未来计划，并讨论改善措施。
- 质量管理是企业运作的一部分，列入部门绩效考核。
- 应有整体作业的规范：利用"品管圈"纳入员工参与活动，鼓励员工提出建议，实行奖励措施。
- 应将提升工作质量纳入员工的工作计划与考核。

第 8 章　变 革 管 理

变革管理是一个持续而主动的过程，利用有系统的方法，保持企业在多变的环境里的竞争优势。所谓环境改变可以是多方面的，包括：

- 社会经济：经济景气、政府政策、社会安定。
- 市场：消费者偏好、竞争、替代品。
- 资源供应：数量、价格、替代品。
- 技术：产品、制造、资讯、交通。
- 管理概念。

面对环境的变动，企业往往必须做出相应的调整，才能保证持续的经营与发展。企业的变革不一定总是顺利的，最糟的情况是"无从改变"，例如，英国工业革命时，大量的手工场被使用机器的工厂挤出市场。近代常见的例子则是：原有的产品被新的技术所取代。例如，20 世纪 60 年代以前，工程界使用了许多年的计算尺（slide rule）被计算器（calculator）取代。有的是"被迫改变"，由于互联网的发展，过去 10 年许多零售业添加了网购服务，以维持市场的地位。当然最好的情况是走在别人前面，而能有前瞻性地"主动改变"，但是这么做也可能有一定的风险：（i）从构想开始，愿景可能是自己主观的偏好，并不实际；（ii）在调研阶段，误判了变革的时机与环境，为日后的实施造成困难；（iii）因为是要改变未来，且无前例可循，所定的方案是否切实可行就成了一大挑战；（iv）在进行改变过程中，各部门对新事务的培训、执行能力与纪律也可能成为问题。主动改变成功的例子也不少，20 世纪 60 年代的 IBM 360 的推出以及 2000 年苹果公司的 ipod 和 ipad。

1997 年《快捷论坛》（*Agility Forum*）出版的刊物（*Next-Generation Manufacturing – A Framework for Action*. Agility Forum, Leaders for Manufacturing, and Technologies Enabling Agile Manufacturing，1997）把企业变革的续态分为六类，如图 8.1 所示。处于"稳定"状态的，多半是独占企业，如电力公司这样的公共企业。企业应根据社会经济状态、市场的竞争状况以及本身的技术与财务能力，做出选择。譬如，在新兴国家，企业的技术尚未处于世界领先地位，合适的选择是"模仿"态，但不适合选择"创新"态。

管控良好的变革周期会经历由低潮走向另一个高潮的过程，图 8.2 描述的是一个典型模式：变革即将发生时，常会引起诸多揣测，继而有人会感到震惊、排斥、挫折甚至愤怒，到了变革不可避免时，情绪变得沮丧，经过逐渐地理解变革的必要与可能引起正负面的后果，而愿意接受，从而面对问题，解决当前的困难。图中 U 形线代表是：在这个过程中，因员工情绪上的困扰，从先前的绩效水平 1 走向低潮，然后随着问题的解决，走向了另一层较高的绩效水平 2。经理人应当学会如何管控这个过程，帮助员工降低困扰以及变革带来的负面影响，把工作绩效迅速地推上更高的层次。

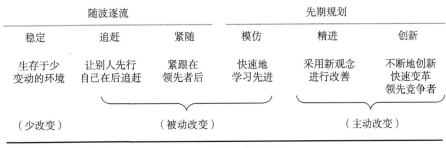

图 8.1　企业变革的续态

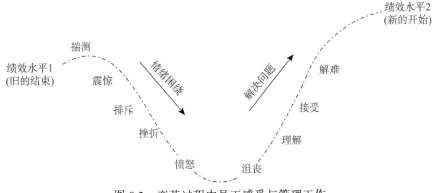

图 8.2　变革过程中员工感受与管理工作

据此分析，变革初期的工作重点应该是：在肯定过去的基础上，提出当前的问题以及正面的愿景，加强与员工的沟通，以安抚人心。在宣导工作之后，列出短期就可以达成的目标，以增加员工的信心和对未来的展望。按照提出的愿景，尽量让员工参与规划工作，以加强他们的归属感，然后列出工作计划与奖励措施，并安排资源，逐步完成变革。

8.1　评估对变革需求

公司需要的变革可以是多方面的，包括：
- 各别工作：工作简化，改变工作内容或程序，发展兼顾多种工作的能力。

- 企业过程：管控过程、决策过程（谁做？做什么？）、绩效评估、奖励制度。
- 策略方向：企业经营的范围与方向、公司的组织结构与功能。
- 企业文化：改变员工与组织行为的基本守则和规范。

企业应当不时地对何处需要进行变革做出评估，下面提供一些例子以供参考：

1）环境方面

（1）员工工作场地的布置。

（2）提高组织对外部的适应性。

（3）引进新科技、技术、工具或设备。

（4）提高工作安全的要求。

2）优先次序

（1）市场导或技术导向。

（2）质量、价格与交货期的优先顺序。

（3）对员工的持续培训。

3）组织结构

由简单功能性的组织结构转为矩阵式的结构（matrix structure，除了同一功能上下关系之外，不同功能之间也有较紧密的横向关联）。

4）工作方式

（1）员工管理自己的工作。

（2）工作完成即刻检验。

5）人事政策

（1）奖励对提高生产稳定性与效率的创新。

（2）推行工作平权政策 （equal opportunity）。

（3）对高绩效的员工提供内部优先雇聘。

6）改变角色

（1）发展企业内部的"企业家"。

（2）战术决策的分权制度。

7）企业文化

（1）消除过去的积习。

（2）重新检讨企业的核心价值、信条、工作规范与习惯。

（3）强调无形资产的价值（如人员、资讯、知识）。

（4）提倡支持快捷式的 （agility）工作程序与方法。

评估变革的需求是一个权衡利弊得失的过程，进行变革的方式所涉及层面的深度与广度也会影响对变革需求的评估。根据不同的变革对象，采用的方式各异，一般可分四类：

（ⅰ）组织层面——需要在某些层面改变企业组织的结构。

（ⅱ）管理层面——通过员工与管理层的协作，提出有正面意义的、具有建设性的改革方案，如提振士气、发展培训方案。

（ⅲ）技术层面——改变企业产出的方式（如自动化生产或办公室电脑化）。

（ⅳ）发展层面——通过组织发展、教育训练等手段，改变内部人员的工作氛围、信仰与价值观。

8.2　变革的步骤

变革可分六个步骤进行：

（1）厘清变革需要。

（2）界定未来愿景，说明希望达到的状态（未来状态）。

（3）评估并界定目前状态。

（4）做出过渡期的整合计划（包括差异分析）。

（5）调动资源以支持承担变动的部门，朝着愿景进行变革。

（6）不时地重新评估对变革的需求以及目标（愿景）完成的程度，然后重启变革过程。

引发需求的动力有的来自内部，如成本压力、制程的改变或改进、设施的升级等；也有的来自外部，如市场的压力、资源的变动或者是国家法律或政策的改变。变革的决定依据，有的可以量化，例如评估生产自动化的得失时，除了计算自动化所需投入的人力与财力，也可以估计节省的人工成本、良品率的提高、废品与返工成本下降、生产周期缩短，从而减少在制品的积压。有的变革就无法量化，而要依靠管理阶层的判断。变革的决定还要顾及变革的程度（是改变企业核心任务，还是作战略或战术的调整），涉及的范围以及对象（企业文化、战略方向、企业过程、运作程序、个人行为）。

在比较未来与目前状态，经过差异分析后，就可作过渡期的整合计划：明确地列出受变革影响的部门及系统，决定变革过渡时期应做的工作以及工作先后次序，清楚地说明各项工作的内容与要求标准，据此评估相关部门进行的变革能力与准备。列出工作里程碑（milestone），包括：（ⅰ）何时开始，（ⅱ）何时应开会，澄清各个工作角色，（ⅲ）何时何处需要进行沟通，（ⅳ）何时新的架构可以开始运行。此过渡计划的特点在于：

- 合宜性——各项工作变革目标符合企业优先次序。
- 明确性——各项工作内容都具体明确。
- 整合性——计划各部相互续接配合。

- 时序性——先后层次分明，合于逻辑。
- 调适性——对意外状况有权变措施。

IBM 公司在 20 世纪 90 年代中期的变革就是一个范例，原先以生产大型电子计算机为主的制造公司成功地转型，并开发了服务计算机使用者的市场，其中重要的步骤就是：利用公司庞大组织的特点，把原先公司内部的计算机中心整合成为一个专门提供服务的子公司，向公司内部其他事业单位收取服务费用，作为新公司的收益，然后逐渐引导市场计算机系统的标准化，为日后提供服务打开了方便之门。

引向愿景进行变革的策略应当注意到：

- 大部分的问题在萌发初期都比较容易获得解决，因此应当发掘并及时提出问题。
- 经理人做榜样表率，以提高员工的信任度与信心。
- 修订奖励制度，以此激励工作方向与行为的改变。
- 调整职责，促使协作。

最后，为了保证变革走在正确的轨道上，管理者应及时地做评估，并修正方向与路径。

8.3　变革过程中的角色与责任

参与变革的人员可分三类：

1）主导者

了解变革的影响与必要性，做出变革的决策，促使其合法化，并提供一切所需的资源、必要的赞助与声援，主导者负有变革成败的最终之责。

2）执行者

依主导者的决策，做出变革规划，获取必要的资源，进行全方位的沟通工作，领导因变革而需做出改变者（下列第三类角色），关注人们抗拒变革的心态、管理变革的过程。

3）改变者

在变革过程中需要做出改变，包括工作内容、方式、关系、环境、规则等。

整个团队需要认识到：

（1）变革主导者负有最终成败之责。

（2）主导者积极有效地给予支持是变革成功的关键。

（3）为避免失败，弱势的主导者必须接受训练，甚至在必要时予以更换。

（4）主导者的职权不可任意委派给下级。

（5）通常主导—执行—改变是上下级的关系，变革的主导权及资源应由最上层逐级下放。

（6）主导者与执行者需要提出令人信服的变革理由，并倾听员工对变革的忧虑。

（7）监测变革的进程，为下级排除变革过程中障碍，提供适当的奖励。

8.4　克服变革的障碍

改变现状是十分艰难的工作，在中国历史上除商鞅变法外，多以失败告终，其中最大的问题来自于既得利益受损者，其他原因包括：政策考虑欠周，执行偏差（曲解政策，以便宜行事），用人不当（改革过程中，常会出现借机图利的小人，这也是王安石变法失败的主因之一），量度与奖惩失据。企业为了当前盈利而趋于保守，通常变革遭遇到的政治问题并不是特别突出，其障碍多半来自于认识、方向、态度、技能与资源等方面。

1）对需要变革的认知不足

由于今日的成功而忽略了对未来的打算是企业的通病，一个企业必须时时自问："为何是我们占据市场而非别人？"以此作为警惕，不断求新，求进步。

2）缺少主导/赞助者

任何企业组织都不会自动进行变革的，主其事者必须能提出企业的愿景，并以此形成经营策略，提供资源，促使员工把策略转化为实际行动，奔向愿景所设的目标。

3）企业文化上的阻力

虽然主事者有变革的计划，企业的员工长久习惯于现状，养成因循苟且的态度，甚至彼此间缺乏信任，这些问题者极易使变革流产。

4）知识、技能与资源不足

变革过程的复杂性与变革的规模有关：牵涉面广，协调不同的变革工作、学习环境，组织结构与工作改变的时机，资源的获得与使用，员工的积极性与主动性等都可能引发知识、技能或资源不足的问题。

5）缺乏量度得失成败的标准

管理工作的一个不变的准则："没有量度，就没有管控，因此也没有改进"。变革过程的管理也是如此，投入的时间和资源是否与得到的结果达到预期的比例？因变革造成员工情绪的抵触以及内部政治障碍是否弱化了公司的竞争力？

克服这些障碍的方式可从四个方面进行考量：

1）领导工作

主事者必须解说当前或未来可能遭遇的困境，并提出解决的办法与未来的愿景。有主动承担变革成败得失的勇气，在变革过程的关键时刻（通常是员工无所适从，或者内部争论不止时）必须打破旧时的官僚体制，而能快速果断地做出决定。

对员工提供新工作的辅导与训练，激励士气，完成工作目标。

2）组织结构与工具

变革意味着：不再按照过去的目标、内容、规则或方式行事。因此企业必须及时掌握内外各部的信息（尤其是变化与进程），组织结构与资讯工具要能让各部门之间以及关系企业间进行快速而准确的沟通，以期各部的变革进程能相互协调，达到预期的目标与效果。例如，20世纪90年代初，IBM决定走向服务业时，对自己资讯部门（information system and technology，IS&T）的改组以及计算机系统软件变更，就是一个成功的例子。变革效果也有不尽理想的时候，过去多年来，许多公司推行ERP（enterprise resource planning）软件，以期对企业过程进行更为有效的管理，然而能提供这类软件的公司非常有限，它们在软件开发时通常是参照一个"预设"的企业过程来进行的。如果使用软件者的企业营运方式与此预设的过程相近，那么自然就不会有太大的问题，但是更多的情况是两者并不相合，这时使用者就会遭遇困境：或选择变更自己的企业过程以符合所预设的过程，或修改一部分软件以符合自己的企业过程。无论如何选择，除了费用巨大外，前一种选择可能造成工作流程的困难，而后一种选择将造成日后软件更新或升级时的问题。

3）量度与基准检测（benchmark）

及时反馈变革过程中对企业产生的影响。面对较复杂的情况时，绩效的量度尤其应集中于企业的重点部分，并以竞争者为参照，做基准检测。此处的困境是：绩效评估并不一定容易，传统的"投资回报率"（return on investment）的计算，往往是与会计作业周期一致（通常是一个季度）的，因此在快速变化的情况下，往往无法及时反映变革的效果。

4）变革过程

变革过程需要适合企业本身的特点（经营的范围与方式、组织结构、企业文化等），但是对企业全体员工而言，只能有一个共同的过程，否则极易造成变革过程中的混乱。基于同样道理，变革不应该只是着眼于局部改善，而应尽量对企业做整体考量。最后，从管理方面来看，变革过程应当有清楚的层次，并按照一套有条理的步骤（见第8.2节所列的六个步骤）来进行，如此参与者才能顺畅地完成变革工作。

8.5　变革能力的成熟度

如第1章末尾所提及，即或是500强的公司，绝大多数也难以顺利地走过一甲子岁月，其中原因不一，但是除去自动找买家卖出企业外，多数是因为失去变革更新的能力，以至被市场淘汰。所以在此意义上，"变革能力的成熟度"就成为企业能否永续经营的考量。从另一个角度来看，变革能力的成熟度也表现在：对市场动态做出反应的敏捷程度（agility）。芮克·道夫（Rick Dove， President of Paradigm Shift International）和他的同事提出的变革能力模型（change proficiency maturity model）把成熟度分成五个层次。

1）偶发（accidental）

企业变革是迫于市场当前的压力，因而并无任何前瞻性的规划，也没有设计好的变革过程，对进程与费用没有清楚的估算，整个过程显得跌跌撞撞。

2）重续（repeatable）

从过去经验中学习到如何安排变革过程，并且能快速复制类似的经验，但是经验之外的就不那么顺当。

3）厘定（defined）

有清楚而完整的变革过程，包括绩效的评估指标与方法，并已做成文件。"可预测性"成为管理首要目标，但是变革过程仍缺乏弹性。

4）管理（managed）

设有专门的变革管理者与变革过程的资料库，员工对变革有普遍的认识与参与，整体运作具有弹性，对前景的可预测性是企业内部普遍的共识。

5）精湛（mastered）

了解对市场适应性的重要，必要时能迅速调整企业组织的结构以及运作的方式。要达到这样的境界不能只是依靠变革过程，而是以"原则为基础"（principle-based）的行事方式进行变革，这就是说，员工们熟悉行事的原则，在处理事件过程中，即使没有具体规定也能处置适当，知道何去何从。

上述第五个层次提及的迅速自我调整，以适应外界市场变化，是过去二十年来企业管理倡导的敏捷性，但是要达到这个境界绝非易事。此外，所谓"敏捷"可以是一个相对的概念，若企业有强大的财力，能维持到瓦解之前变革成功，那么就不是问题（例如，IBM 公司在 20 世纪 90 年代初，能用优渥的条件减员成功，为公司重组开创条件）。反之，变革进行的再快，若失去了财务的支撑，终不免覆灭的厄运（在此情况下，也就无所谓敏捷性）。

表 8.1 显示在不同成熟度的阶段处理变革的特点，并以维持/发展员工的技能为例，列举企业在不同阶段可能采取的措施。

本章最后讨论的题目是"营运无中断计划"（business continuity planning）。从字面上看似乎与变革管理无关，实际上，"无中断"的一切措施都是因应突发情况，因而在此意义上企业所作所为就是一种权变。

表 8.1   变革能力的成熟度

层次	特征	例如，维持员工的技能
1. 偶发	从无预见变革的需要，过程往往也不平顺	无聘雇策略，对被雇用者称职与否也无把握
2. 重续	对变革规则与过程有一定的了解	提供新进人员训练，以增加技能，并促其融入企业文化
3. 厘定	变革规则与过程的认识已普及，并建立了绩效测量办法	以知识为基础（knowledge-based）来进行甄选雇聘
4. 管理	清楚的目标，精练的规则，明确的责任	员工有各自的职业发展规划
5. 精湛	已达成熟阶段，无需强调规则与程序，代之以行事原则	能提供员工自我发展的工作环境与氛围

8.6   营运无中断计划

在面对灾难（如地震）或事故（如停电）时，企业能够按照预设的计划行事，因而能够继续运作，并使损失降到最低。这样的计划就称为"营运无中断计划"。在此情况下，企业通常无法完全按照正常状况运行，因此首先要恢复关键的企业过程与功能，以保证：(i) 维护企业的资产，(ii) 满足企业与客户基本需求，并且 (iii) 符合法令规章。

为了分辨哪些是关键的企业过程/功能，管理者可从下列的提示中寻求答案：

（1）组织或部门的任务宣言（mission statement，例如，帮助客户成功，使人们活得更健康）。

（2）组织或部门的经营范围（如营销、售后服务）。

（3）组织或部门的主要产品或提交物（如准时供货或提供服务）。

（4）何种能力/功能的丧失会造成混乱（如客户、订单资料、零备件管理）。

（5）内/外部的主要客户以及他们的期望（例如，按时供货，需要及时提供零备件）。

以零备件的供应为例，假设售后服务部门为客户提供设备维修的零备件，表 8.2 显示的关键企业过程/功能有五类，决定各类的内容后（表中第二列），就可逐项列出潜在的风险，再依此设计应对之策。

针对每项潜在风险提出处理的方案，表 8.3 提供的方案包括两个层次，首先是避免风险，如果无法避免，退而求其次，则是降低风险，读者可以很容易地从表中解读各个方案。

至此处理方案仍在规划阶段，要落实到实际行动上就需考虑人力、财力与时间问题，在资源有限的情况下，合理的做法是评定优先顺序，表 8.4 的内容是以各关键企业过程对企业影响为基础，分别加以评分，积分越高，影响越大。表中最后一列是最大允许的停置时间，一旦事故发生，必须在此时间内恢复运作。这些数据当然都是基于"主观"的估计,管理者应召集从事实际相关工作者共同参与讨论以及评估,以增加其客观性。

表 8.2 售后服务零备件部门的关键企业过程及其潜在的风险

关键企业过程/功能	包括范围	潜在的风险
人员与建筑物的安全	厂房、办公室以及客户所在地的工作处	火灾、饮食卫生、自然灾害、客户工厂事故
重要的资讯与文件库	人力资源、财务、销售、零备件	建筑物失火、计算机储存器失灵、档案文件烧毁或遗失
网络与通信	资料库、电子邮件、网站、电话等	建筑物失火、服务器故障、通信电缆失效、通信软件出错
公共事务与安全	水、电、空气调节、警报等	停电、停水、空气调节、火警、盗窃等
零备件的运输与传递	送货车辆、机场、公共运输、资讯系统	送货车辆故障、机场关闭、公共运输停运、资讯系统故障

表 8.3 处理风险的方案

潜在风险	避免风险	降低风险
1. 建筑物失火	管制易燃物,禁烟火	预报(烟雾探测)/警报/消防系统
2. 工厂事故	提供安全防护	安全培训与纪律
3. 货运车辆事故		加强车辆保养与行车安全
4. 饮食卫生	卫生监管	公共卫生训练
5. 自然灾害		加固建筑物
6. 计算机故障	备份系统	备份文件(backup)
7. 文件遭毁/遗失	复制文件	加强安全措施
8. 电缆毁损	卫星通信系统	改用替代路径
9. 停电		无中断供电系统(UPS),自备发电机
10. 停水		储水库
11. 窃盗	保安	监视与警报系统
12. 机场关闭		替代交通(高铁)
13. 客户计算机故障		与客户商讨急救方案

表 8.4 事故对企业影响的评估

关键企业过程	影响评估(1=低,2=中,3=高)					可接受的停置时间(小时)
	客户	营运	收益	信誉	总计	
人员与建筑物的安全	3	3	3	3	**12**	**NA**
重要的资讯与文件库	3	3	2	2	**10**	**2**
网络与电话	3	3	2	2	**10**	**2**
公共事务与安全	2	3	1	2	**8**	**8**
零备件的运输与传递	2	1	1	2	**6**	**12**

在事故发生后，恢复运作的问题也应事先计划，此计划应包括：事故的描述，受影响的部门及负责人，事故发生前后，应采取的行动及负责行动者，应联络的部门与人员等。读者应可参照表 8.5 的例子（零备件订购软件失效），厘定所需的"复原计划"（recovery plan）。

<h4 style="text-align:center">表 8.5　事故发生后的恢复计划</h4>

负责人	功能部门	赵一甲								
	应用程序	钱二乙								
	操作者	孙三丙（计算机与程序），钱二乙（资料库）								

状况描述	相关物件	风险概率	接触频率	无中断计划启动条件	行动类别				工作任务	负责任务者	联络圈
					事前	过渡	补救	恢复			
零备件订购软件失效	客户资料与维修记录	低	依需要	事故发生后 4 小时	x				制作客户资料的硬拷贝	李四丁	订单供货管理、仓储、发货部门
						x			电话或传真	订单供货管理	同上
							x		调查事故原因／安排恢复工作	赵一甲	功能部门、应用程序与使用软件的相关人员
								x	系统测试	孙三丙	订单供货管理、仓储、发货部门

第 9 章　企业文化中的共同价值观

所谓"企业文化"就是企业的员工对处理（i）企业的业务，（ii）自身的工作，以及（iii）与他人的互动的关系时，对"价值取向"（什么是更重要的，什么是值得做的）的总体态度，这个态度决定了处理人与事的方式与效果。

一个企业的发展过程中，遇到瓶颈是常有的事，瓶颈可以来自客户订单、工程技术、生产效率、资金周转、行政支援、人员不足、知识落后、管理不善等方面，但是较少引人注意的是企业文化的问题。在第 8 章变革管理中，讨论变革成败时，我们已数次提及这个问题。许多一度经营有成的公司最后不免失败，往往也与此有关。公司享受高回报率的业绩日久，规模越来越大，容易产生老大心态，官僚作风，自我圈禁于既有的营运模式，失去了创新与灵活的动力，而最终不幸地被市场淘汰。也有规模较小的企业在初创阶段，齐心协力，面向市场，专注于竞争发展，一旦有了些许成绩，企业成员（特别是上层主管）为了争取自己的地位与权势，就开始内斗。这两种情况都因情势的发展与管理心态的偏差，而逐渐形成了某种工作习惯，以至难以逆转。

不同的作风最能清楚地表现在不同的国家与民族身上，西欧诸国（如英国、荷兰）是老牌资本主义国家，商业发达，行事较注重逻辑与理性，南欧国家（如意大利）相对地注重个人关系，做事较感性与直观。房兹·川彭纳斯（Fons Trompenaars）在其著作 *Riding The Waves of Culture* 中提供了一则有趣的例子：

假定你晚间参加派对饮酒过多，你打电话请自己最好的朋友开车接你回家。时至夜半，一路少有车辆与行人，两人聊得高兴，驾车超速，不慎在路口撞倒一行人，下车查看，人已死亡。报警后，警察调查肇事始末，问及有无超速，这时你的回答只能有两种（不能回说不知道或未注意）：（1）诚实以对（朋友驾车超速），（2）为朋友撒谎（未曾超速），你将如何选择？

根据作者提供的调查资料，住在西欧、北欧以及北美的人多半（87%～94%，美国人中的比率最高，为 94% 左右）会据实以告，而拉丁美洲以及亚洲的人选择维护朋友者相对较多（诚实以对者占 33%～67%，中国人中的比率为 47% 左右）。

20 世纪 80 年代，有美国公司为降低成本，把生产线设在邻国墨西哥，不意工人流失率成了问题，在工作六七个月后，许多工人因赚足了全年生活费就选择离职，等钱花完后再找工作。而相对地，华人多半会努力打拼数年，存足了钱后再作打算。

此外，不少墨西哥人对美国人也有意见，认为美国人凡事都要订契约的做法，实在是费时费力的愚蠢行为。

上述这些例子都反映出在认知与行为上价值取向的不同。本章将针对华人的思维与行事习惯，探讨企业文化中应有的共同价值观。其目的是希望：

- 提高企业在市场的价值（营利性）与地位（商誉）；
- 改善员工自身价值（胸襟、知识、能力）以及经济条件；
- 成为一个自觉的、社会的乃至世界的公民。

由于近代企业组织形态与管理方法多来自西方，下面的讨论就以中西文化的差异作为切入点：（i）审视中华固有文化的特征，（ii）了解并借鉴西方先进部分，（iii）善于利用无重大矛盾之处。

9.1 中西文化的对比

文化研究是专门的学问，这里只能做一个简单概括的描述，以彰显中西文化不同之处。

中国长久被置于皇权统治之下，皇帝是天子，是君父。社会伦理强调孝道，尊崇长者，以古为荣。社会结构以家长制为基础：下级（小辈）服侍上级（长辈），上级（长辈）照顾下级（小辈）。人与神的界限不明显：好人、伟人（甚至有权势的人）可以被尊为神。个人修养讲究由内向外：诚意、正心、格物、致知、修身、齐家、治国、平天下的顺序。处世方式是先近后远，反映在亲疏关系和朋友义气（"私义"）上。在这样的环境下，很难要求人们去讲"公义"，而缺乏公义的社会是很难发展出民主精神的。中国人长久以来重农轻商，交易倾向以信诺为基础，不轻易走法条具文的路线。对待事物，喜欢强调从整体从大处着眼（例如，中医视人体如宇宙），然而处理的对象过大，则容易失去（甚至无法）对细节的把握，细致的"分析归纳"往往被粗略的"简约权宜"的方法取代，因而难以掌握具体的规律，这样就不容易产生科学精神与方法。最后，华人在社会与宇宙的生活中，讲究追求中正平和，处世方式倾向调整自己去适应世界，甚至如出家人般的"离弃"世界，很少想到去改变周围环境。

西方（特别是西欧与北美，后者早期是前者的殖民地）经过中世纪以来的演变，发展出来的文化优势有两大特点，即科学（理性）精神与民主（公义）素养。其中基督教与商业的发展扮演了重要的角色。基督教尊上帝（唯一的神）为父，众人皆兄弟姐妹，人不可能变成神，也无法直接认识神，只能去荣耀神，人生只有一次，应当遵从神的诫命去生活。始于 14 世纪的文艺复兴时代，人文主义与理性主义抬头，人们不再满足于宗教的教条与教会的威权，有的人（如提出日心说的尼古拉·哥白尼，Nicolaus Copernicus）想通过了解宇宙去认识上帝，因此积极地从事对自然的研究（这时期的科学家并不反宗教，哥白尼自己就曾经是一位教士），有的人（如推行宗教改革的马丁·路德，Martin Luther）摆脱教皇对宗教的解释权的垄断，要求按照自己对圣经的了解来生活。到了后来英国的清教徒出现，他们受加尔文主义（Calvinism）影响，相信人的一生都是上帝预先的安排，所以工作不分贵贱，竭力去做，就是回应了上帝的召命，赚钱是被允许的，但不是为了自己享受，也不是为证明自己的能耐（因为机会与能耐都是上帝的恩宠），而是为了荣耀上帝。

由于西方商业的兴盛，拓展了人际交通与文化交流，开阔了人们的视野，并促进了行为规则。比之于农业社会，有关"信誉维护""效率计算""契约精神""功利主义""现实主义""个人主义""扩张主义"等概念，更被重视。

下面就把中西文化作一个简单的对照，列于表 9.1。

表 9.1　中西文化的对照

西方文化特征	中华文化特征
好的/对的是可以被界定，放之四海皆准	家庭包袱重；家长制下的社会秩序
如果人人享有最大可能的自由和成长的机会，生活品质才能得到改善	如果人人得到照顾，生活就能得到改善
情绪（感性）混淆了企业行为，故不可取	一体均沾，见者有份。讲求人际关系；重面子与人情世故
用契约固定关系；不同交易互不相干（三角债的关系在西方很难被理解）	轻忽程序与具文，更重视伦理与义气，而非法律
按照过去所作所为来评判一个人	以亲疏关系作为待人的规范
注重科学实验与工作程序	权宜处世，疏于精确，倾向简略路径
时间在直线上移动，珍惜时间	一切都在适应这世界，少变革
个人动机和价值生之于内；凡来自于我的是属于我的	修身与治天下都在追求中正平和　（人如宇宙，天人合一）

企业构建的文化应当让企业与员工能够同时得到提升，参照前面的讨论，可以从三个方面予以考虑：（i）敬业，（ii）乐群，（iii）珍惜资源。"敬业乐群"是一句中国的成语（西汉时代戴圣的《礼记·学记》："一年视离经辨志，三年视敬业乐群。"）。简单地说，就是做好自己的事，与人融洽相处。21 世纪以来，人们普遍意识到环保对永续发展（sustainable development）的重要，回收废品加以利用，避免污染，维护良好的生态环境，追其究竟就是要"珍惜资源"。下面就从这三方面分别论述。

9.2　敬业——现代化的特征

"敬业精神"可视为现代化的特征。法国社会学家艾米尔·德坎在他的著作《社会分工》(Emile Durkheim, *The Division of Labor in Society*, The free Press, New York, 1981)里提出：古代社会与现代社会的区分在于团结方式的不同。古代社会是一种"机械式"的团结(mechanic solidarity)，生产组织简单，属于手工坊与小农经济，生活方式相对单纯。人们的凝聚力缘于共同或相近的观念与情绪，法律规范在于抑制违反共同良知(common consciousness)的人，所以一个社会通常只有刑法(penal law)。反之，现代社会却是"有机式"的团结(organic solidarity)。工商业在竞争与淘汰的过程中，产生分工，分工又导致了专业化与社会成员之间的相互依赖，生产组织扩大，出现机械耕种的大农场和工厂。人际关系、生活方式以及社会规则趋于复杂。法律规范在于保障个人权益，规定权利与义务的关系，并由此产生了"赔偿"法(restitutive law，如民法、公司法、契约法等)。

在这种变化的同时，人们看到的是科技与科学的发展。劳勃·天普编著的《中国的聪慧》(Robert Temple, *The Genius of China*, Simon and Schuster, New York, 1986)书中列举了100多种中国古代的重要发明与发现的时间与西方同类项目出现的年代。图9.1所示是以该书的资料做成的时间对照表，表中横轴起于公元前15世纪，终结于公元18世纪，轴的上方每个数字代表在该对应世纪中国的某项发明或发现。例如：数字"59"代表"十进位制"，它的发明与使用在中国成于公元前14世纪。从轴的下方可查到：西方开始使用十进位制的时间却是公元10世纪。图中清楚地显示了14世纪、15世纪以后，中国就没什么重要的发明与发现。反之，西方大量的发明或使用始于12世纪和13世纪，而且往往是以一个更高的形式或者伴随着可被验证的理论出现，这个时间与科学实验方法出现与文艺复兴相吻合。

古代西方对人类世界的认知大量出自于希腊，柏拉图(Plato)研究过几乎所有的学科，他的学生亚里士多德(Aristotle)被公认为当时最有学问者，然而近代的科学却是在他们之后1500年左右才开始出现(参见表9.2)。其中归纳法与实验法广泛的应用，让人们逐渐摆脱了"巫术"的传统。("巫"在古代享有崇高的地位。这里提到的巫术，也并无贬损之意。人们面对问题时，不一定总是有对症下药的办法，但是为了解决问题，就可能(或者不得不)采用未经证实的措施，这些措施有时也能行之有效，时间长了，使用次数多了，往往就形成一套未经科学实验证实的理论，这样的方式在此称为巫术，且普遍存在于人类社会。随着人们知识的丰富，在众多领域里，巫术逐渐让位于科学，但是由于许多问题仍不为人所了解，所以巫术仍有其需要，至今未曾消失。)

基于上述认识，可以把敬业精神演绎为三项具体的原则：(i)理性化，(ii)专业化，(iii)组织化。

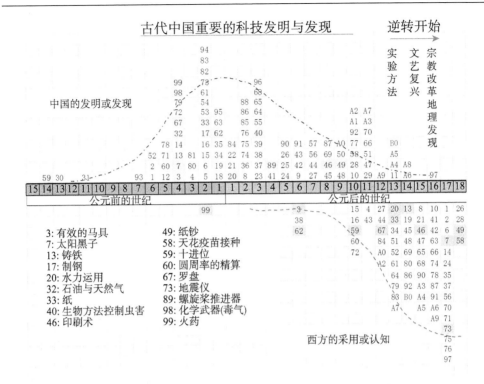

图 9.1   古代中国的重要科技发明和发现与西方的比较①

表 9.2   近代科学的起源

Plato	427~347 BC	知识的获得在于唤起（生前）回忆
Aristotle	384~322 BC	知识只能通过头脑的演绎(deduction)过程才能获得
大约间隔 1500 年		
Robert Grosseteste	1168~1253	归纳(induction) 式实验方法
Roger Bacon	1214~1294	所有事都应被观察所证实
William Ockham	1285~1347	奥卡姆剃刀
Jean Buridan	1300~1358	推动力(impetus) ⇒ 惯性(inertia)
Niklas Kopprenigk	1473~1543	日心说(静态)
Philippus Aureolus Paracelsus	1493~1541	证论外界因素引起疾病
Gerolamo Cardano	1501~1576	概率论
Ambroise Pare	1509~1590	推动外科手术,止血疗伤法
Andreas Vesalius	1514~1564	人体解剖学之父
Francis Bacon	1561~1626	归纳法的具体要素, 科学归纳法的实践创造者
Galilei Galileo	1564~1642	用望远镜研究天空, 重实验
Johannes Kepler	1571~1630	日心说体系, 天文学的自然三大定律

① 资料来源: Derived from Robert Temple, The Genius of China. Simon and Schuster, New York, 1986

9.2.1　理性化——摆脱巫术的传统

谈到企业运作的理性化（rationality），可从理论与实务两方面来看，前者要求从概念的发展走向有系统的、可以经受检验的理论，后者以目的为取向，发展出合乎逻辑的能经受检验的方法与程序。因为经得起检验，重复引用同一理论或同一方法与程序，就能保证同样的结果。

中国过去在这方面吃过不少苦头，而在西方，这方面也不是都完全做得很好，许多企业营运管理的方法过于简陋，我曾见一家提供客制化生产设备的大厂，连装配一套设备所需的工时（一个工人工作 1 个小时的工作量称为 1 工时）都不知道（有经验的工业工程师都能根据产品"物料清单"（bill of materials）预估标准生产工时），因此无法做合理的生产排程。由于每套设备差异颇大，不同设备的物料清单上的零件总数差别可超过 200%，但是该厂实际生产的排程却不分彼此地以同等时间间隔发料投产（该厂对此用了一个好听的名词，称此为"线性化"（linearization）的排程法），到订单增多时，往往造成延期交货。此外，在设备出厂前，需进行费时一星期的产品最终测试（final test），为缩短生产周期，生产部主管打算取消此测试，但是并无一套合理的策略与执行方案，因此取消最终测试的愿望也最终落空。其实减少测试时间的关键是测试的性质与方法，任何稍微复杂的产品，都是先把零件（parts）装成组件（module），再进一步装成部件（subassembly），最后组装成产品。在此过程中，若是对各别组件或部件仅仅作"功能检验"（functional test，这类测试就只能知道受测组件或部件是好或是坏），由于无法了解该件与产品其他部分的交互作用（交互作用需通过"参数检验"（parametric test），取得资料后，再做分析而得），那么即或通过此阶段测试，并不保证装在最终产品上仍能运作良好。

9.2.2　专业化——尊重个人的工作

在封建威权社会，通常是位高权重者受到人们的尊重。企业的运作方式也是下级听命于上级，因此员工的心态也多少会受到类似封建威权的影响。然而在一个健全的企业组织里，每一个工作都应有其必要性，所以每一个工作都应受到尊重，同时也更应当尊重那些认真做好自己工作的人。

在"事业重于职位"方面，西方（特别是清教徒的精神）颇有可以借鉴之处（读者可以参阅马克思·韦伯（Max Weber）的《新教伦理与资本主义精神》，中译本由陕西师范大学出版社于2005年出版）。譬如，美国第三任总统托马斯·杰斐逊（Thomas Jefferson）去世前就替自己拟妥墓志铭，其中仅写下自己曾经做过的事（美国独立宣言以及弗吉尼亚州法宗教自由部分的起草者，弗吉尼亚大学创办者），而无一字提到自己曾担任过的职位。

偷懒怠惰在有些人看来是省了力气，并将其当成聪明之举，其实是看轻了自己的工作尊严。我在上海工作时，有一次乘公司的车出差到外地，返沪前一晚，被当地工作人员带去观赏夜景，我邀开车的郁建国师傅同去，结果被婉言谢绝，他的理由是：休息不好，第二天开车容易出事。我还见过许多人（包括工程师、维修人员、清洁工），做事认真，拒绝马虎，他们也许从未想到尊严与荣誉，但是却表现了"专业精神"：

（1）看重自己的工作，心思放在工作上，不苟且，也不马虎。

（2）尊重他人的工作，也尊敬那些做好工作而且作风正派的人。

（3）对人的尊敬，不是看他的职位，而是依据他在工作中一贯的表现。

9.2.3　组织化——脱离手工场模式

在古代，随着人类定居之所逐渐形成城镇，也由于分工与市场的需要，手工场开始出现。一般是由工场主人带领数个工人或学徒进行较小规模生产，制作的方式并无标准，乃是师徒相传，工艺好坏除了师傅所教的之外，还看个人的悟性与资质。这样的运营模式，不会特别注重作业程序的重复性，从而导致生产或装配工序出现多变，一旦质量出了问题，就很难追查其根源。伴随着市场扩大，工业革命后的机器使用把生产力推上了前所未有的高峰。20世纪初美国福特汽车公司发展出的"生产线"制作方式，把先前零件"标准化"的概念（一般公认此概念源自19世纪美国发明家伊莱·惠特尼（Eli Whitney），但是这种构想可能极为古老）引用到制造工序上，这样不但提高了生产效率，也提升了产品的质量。

人们的生活品质和工作效率也与纪律有关，人们做事有时会为了一己方便或喜好而轻忽规则程序。在生活中，插队、随处抛纸屑在许多地方是常有的事，游客为了拍照踏入标示的禁区也屡见不鲜。在工作中，违规操作也时有发生。我在上海工作时，曾有建筑工人因高空作业弃用安全带，而被公司负责安全的经理阻止作业，因此引起双方冲突。我也曾经验过工程师更改零件尺寸后，未及时修正图纸，而导致实际尺寸与蓝图不符的严重后果。

分工导致的专业化促进了竞争淘汰以及彼此的相互依赖——依赖于相互合作来进行生产，也依赖于彼此提供所需的生活资料。因此就有必要走向"组织化"（organization）——有条理有效率地组织结构与运作。前者要求在市场机制下，平等地、公开地、合法地组织企业队伍（非靠关系安排工作），后者讲求明确的职务划分，循制度流程以及标准作业规则来推动业务。在这方面，中国企业尤其应该注意解决两件事：（i）公有制或集体所有制的企业仍然把"子女或家庭成员顶替退职员工"视为当然，忽略了任用贤能的原则；（ii）企业应专注于自己经营的项目，那些为了方便员工生活而提供的食宿、医疗甚至理发、食品商店等服务，应当考虑取消或外包，不应由企业来承担具体的管理工作，从而分散了经营的重心。

9.3　乐群——共同提升的基础

历史不断地证明竞争是可以成为提升的动力。在美国有反托拉斯法（anti-trust laws），以维护市场上公平竞争，以保护消费者的权益。然而在他们早期的移民时代，情况却完全不是如此，1602 年的普里茅斯（Plymouth）以及 1607 年的詹姆斯墩（Jamestown），都搞过"公共储备库"（普里茅斯称此为 common-stock plan），不论每个参加的成员生产或投入多少，大家均分所获，这样的平均主义导致生产效率低落，生活难以为继。因此，不出几年，公共储备库让位于私有/责任制，平均主义让位于按劳取酬，以及后来的保护主义让位于相互开放，垄断独占让位于市场竞争。

竞争意味着效率、质量与技术的提升。然而竞争有时也可以带来负面的结果，有的公司在产品开发初期，由两个或者更多的团队分别执行不同的开发方案，其原意是通过竞争，让优者胜出。不幸的是，决定何者为优的时间点却往往成为问题，因为有数个方案同时进行，太迟做决定就会增加产品开发成本，如果决定做得太早，那么胜出者多半就是那些善于推销而并非实力最强的团队，等而下之的方法就是打击竞争对手，让自己出头。

为了避免负面的竞争（严重地说，就是内斗），许多公司都会喊出"尊重他人"（respect individual）、"相互信任"（mutual trust）的口号，虽然这两句口号可视为"乐群" 精神的具体表现，但是对此厘定有效的政策，且采取具体行动的公司并不多见。企业更应当鼓励员工通过"强化自己"以及"与人为善"的作风去获得发展的机会，这是一条健康的道路，唯有员工得到发展，企业才会有所提升，这就是"共同提升"的意义。营造这样的环境需要提倡诚信、助人和宽容公正的精神。

9.3.1　诚信——负责的表现

三十年前或更早到美国的华人，常以为美国人愚蠢，很容易被骗，所以有人为了孩子能在好的学区上学（每个住所都属于某一个预先划分好的学区，一般说来，好学区的房价也较高），就假借朋友的住址登记注册（更有隐匿财产以冒领救济金者，或假结婚以申请永久居留权者），后来被学区主管部门发现弊端，注册时要求提供住址证明，于是又有聪明的人就商请朋友把电费单上换成自己的名字，以此出示做住址证明，不久此弊又被发现，最后学区管理部门被迫做不定时的家访以验明正身。此足以说明并非美国人笨，而是尊重"诚信"。在一个诚信度低的社会，为了防范欺瞒，必定在处理事务上设立许多条条框框（譬如：承租房屋需验房产证），对办事的人来说，既伤害了自尊，又造成了工作上的不便。所以从这个意义来说，诚信与人际关系以及办事效率是相关的。

诚信在企业经营中表现在对工作负责任上，不论是提供材料（信息、文件、应用程序、零备件、在制品、产品）还是服务都应符合他人的期待。而符合期待才能让人满意，所以诚信是团结的前提，是维持良好人际关系的基础，更是开拓市场的根本。

9.3.2　助人——平和的心态

无论过去的历史经验，还是现在的社会研究，都证明了一件事：帮助他人能对自身产生不容忽视的正面影响。

在《基督教的兴起》（Rodney Stark, *The Rise of Christianity – A Sociologist Reconsiders History*, Princeton University Press, 1996）中曾提到这样的故事：罗马城在公元165年和251年分别爆发了天花和麻症，当时的医术对此束手无策，人口大幅减少，包括医生在内的许多人出逃外地，以避瘟疫。但是当时为数不多的基督徒却发挥爱心，竭力照顾病患，因为得到照顾，有些病患就此好转。受到传染的基督徒中，也有去世的，但是那些病愈者却因有了抗体，虽然继续留下服侍病者，但是不再染病。这些现象被众多的非信徒看在眼里，就认为那些信徒受到神的护佑，因此皈依基督教的人数急速上升。

美国密西根大学社会研究所（Institute for Social Research, University of Michigan, Ann Arbor）的一项五年研究结果显示：在自愿接受调查的846名老年人中，从事义工者的健康与寿命都会显著优于其他受调查者[①]。

有能力而且愿意帮助他人者有较好的心理状态，这种状况可以源自于几个方面：工作上的成就感与能力感；对周遭事物多了一些掌控感；此外，因为处理的是他人的事情，少了患得患失之心。（有兴趣的读者也可以研读西格蒙·弗罗因德的《心理分析理论》（*Sygmund Freund's Psycho-analytic Theory*）。）

上面提及的两个例子，后者通过帮助别人提升了自己，前者则是得到人们的认同，而壮大了自己的队伍。提倡"助人精神"（或者更确切地说是"互助精神"）的企业也不例外地可以期待这样的结果。近代企业每一个工作项目往往需要仰赖多位员工共同协作完成，互助的必要性显而易见。打造这样的企业文化，除了宣导工作外，也可具体地落实到员工绩效考核方面，正如评价篮球运动员时，除了得分外，还看各个球员成功进行多少次助攻。主管进行考核时，也可考量一个员工如何帮助了其他的成员。

---

① Brown S L, Nesse R M, Vinokur A D, Smith D M. Providing Social Support May Be Beneficial Than Receiving It : Results From A Prospective Study of Mortality. *Psychological Science*, July 2003, v.14(4), pp320-327

9.3.3　宽容公正——民主的根本

因为歧视偏见的存在，宽容（tolerance）在西方长期受到广泛的重视，无论在法律、宗教上，还是在哲学上，都一再被拿出来讨论。简单地说，宽容就是忍受、接纳甚至认可不同的背景、思想、习惯与行为方式。可以表现在：父母容忍孩子的某些言行，人们接受朋友的弱点，教会容纳异教徒，社会认可不同的文化，等等。宽容往往出自于"同理心"，在中国社会，宽容相对地较少受到重视，孩子的顺口溜中不乏对麻子、哑巴等不幸者的嘲弄，电视剧《道北人》一开始描述的情节就是：一位中学女生被强暴后，受到周遭人的歧视，作为大学教师的父母为了女儿，只好搬去偏远地方做了中学老师。十多年前我在上海工作时，曾被德国同事问过：为何他看到当地的一起车祸发生后，围观者甚众，但无一人对不幸者及时伸出援手？

人们往往也会因为傲慢的心态而丧失了同理心，从而对人轻视，以至于过于苛刻。美国基督教神学家莱因霍尔德·尼布尔（Reinhold Niebuhr）在他的著作《爱与正义》（*Love And Justice*）中提出四类骄傲形态：

- 权势骄傲——因拥有权势，或有机会向权势靠拢而妄自尊大。
- 道德骄傲——因道德上未曾犯错（或未为人知或未经考验）而自以为一贯正确。
- 知识骄傲——因某方面知识较为丰富而藐视他人（许多知识分子的通病）。
- 信仰骄傲——因自己的信仰而排斥无信仰或异教者。

并以此作为人的原罪的一种（另一种是放纵之罪）。骄傲可以引起偏见，甚至变成歧视（包括宗教、文化、血缘、种族、国籍、性别等），宽容者不因自己在这四类之中占有任何优势而放弃了对人的尊重。

在对待错误的言行时，宽容又隐含着对可接受限度的考量。这个"限度"把错误区分为可恕与不可恕。有些言行虽然是错的但是可以被容忍，有些错误就不能接受，过分严厉或者过于松弛都可能造成可怕的后果，前者可能导致消极或积极的反抗，后者可能成为散涣甚至罪恶的催化剂。因此宽容的限度必须有其"公正性"，必须避免随意划分错误的类别。

人们参与企业活动时发生的错误，有属于道德与操守方面的，也有属于业务与营运方面的。许多公司颁布"操守指南"（business conduct），明确地规定了在行为操守上需要遵守的规则，定期要求员工（甚至供应商）重新温习并承诺遵守规则。有的公司虽然也有明文规定，但是对违反规则不进行认真处理，或做选择性处理，那么规则就成虚设。

有关业务与营运的错误，除了违反公司企业过程（如图6.2和图6.3所列的采购过程）规定之外，通常涉及的是人际行为与个人能力的问题，在这方面，有赖主管做出判断后再做适当的处理，无法对此预先厘定一套规范标准。针对这些问题，宽容应基于两个原则；

（i）　所谓的"判断"和"处理"应当基于对别人的同理心——允许初次的、非有意的错误；

（ii）以对事不对人的态度，帮助改正错误。经理人对此负有不可推卸的责任。

9.4　珍惜资源——宇宙的基本道德

对企业来说，员工是"人力资源"，而且是最重要的资源。人可通过认知与锻炼改变自身的习性与能力，也可以利用加工或制造的手段改变"天然资源"的功能或形态而成为有用的物资，或称为"人造资源"——在企业里，这些物质往往以原料、辅料、配件、半成品以及成品的状态存在。

与业务相关的技艺与资讯也是企业重要的资源，在市场居于领先地位的企业都是善于利用这类资源者，反之，不想被市场淘汰的，必须做好这类资源的管控。我曾参观过德国的迈森瓷器馆（Meissen Porcelain Manufactory），该馆由萨克森选侯（Elector of Saxony）奥古斯特二世（Augustus II）创建于 1710 年，是欧洲第一间瓷器制造厂，成立以来出品无数精美瓷器，历久不衰。因为保存了历年累积工艺与模具，至今仍能接受订制与百年前一模一样的各种瓷器（有兴趣的读者可以上网查询这间瓷器馆的历史背景与现状）。然而在人类历史发展过程中（特别是在中国），又有多少前人的技术与工艺因私秘或轻忽而失传呢？我也曾见过一个制造生产设备的企业，所有产品采用的螺丝钉的种类竟超过 300 种，工程师作设计时从未想过每用一件新零件就会造成更多采购、运输、存量积压以及日后产品维修的问题。此外，对待工程图纸、产品说明、操作手册的马虎态度，不仅导致营运上的困难，更增加了人力与财力的负担。

人力资源的管理问题已于前面诸章节中有过许多讨论，有关技艺与资讯的问题的讨论更偏重于知识管理（knowledge management），在此就不多做论述。本节将专注于讨论如何对待天然资源与人造资源。

在 1970 年以前很少有人谈论资源保护与使用的问题，然而在后来的数十年，各国逐步通过宣传与立法大幅度提高了人们在这方面的意识。其间经历过能源与原料价格上涨（例如，美国当前汽油价格比之 1970 年涨了大约 10 倍，铜价是 5～6 倍），地球暖化效应的威胁，新兴国家的环境（空气、水、土壤）污染等问题，促使人们认识到资源对永续发展和生存的重要。此外，为了永续发展，有国际组织的成立（例如，43 个国家的 200 个各级政府于 1990 成立的 the International Council for Local Environmental Initiatives，简称 ICLEI），也有"环境成本会计"（Environmental Cost Accounting）标准的设定，把生产过程中因废料与污染引起的环境与社会费用纳入成本计算。

20 世纪 90 年代以前，美国少有垃圾分类的措施，许多城市普遍实施的办法是垃圾车每星期到各户收集一次，一般家庭以两个 40～50 加仑桶为限（每多一桶需再增收费用），近十年来开始实施分类，例如在旧金山湾区的一些城市向每户提供两个 96 加仑的桶，一桶用于回收纸张、塑料与金属，另一桶收集有机废料，包括花草、树枝叶、厨余以及食物包装纸等，如此一来垃圾量大幅减少，虽然每户的垃圾收费视桶的容量而定，但大多数人家的垃圾每周不超 5 加仑[①]。更有些国家实施商品回收政策，要求制造厂商回收使用过而报废的产品，这样的环保政策自有其公平性、合理性与经济性。

绝大多数的中国人素来节俭，然而对待公共资源的浪费问题就显得不够自觉，这种心态也会反映在企业里。一方面，私人企业的业主视企业为一己财产，在珍惜企业资源上往往颇费心力；另一方面，员工们则并不一定如此，心存不满者甚至会故意造成浪费。在广东东莞的一家工厂的员工免费食堂里，年轻员工因对公司不满，而多次故意把碗里装好的饭倒进厨余桶里。资源浪费更多的是不良产品，工厂生产过程的返工品增加了人工、机器、设备、材料、厂房等成本或费用，若是遭到客户退货，就还要贴上包装、保险以及运输的费用，更为严重者，因损毁商誉而失去订单。

2000 年以来，许多企业采取减少资源浪费的措施，从而也降低了自己的成本。有些公司设定了有关节省资源、减少污染、避免浪费的目标。例如，三菱电器在美国的分公司（Mitsubishi Electric America）在 20 世纪 90 年代中期曾设定的目标为：在 2000 年以前，能源的使用要降到 1990 年的 75% 的水平，废料比 1995 年需减少 30%，以木材作原料的纸张用量在 2001 年以前要减少 90%（见 Brain Nattrass and Mary Altomare. *The nature Step for Business*. New Society Publishers，1999）。有的企业则与上（下）游的关系企业合作，或开发新的环保产品（例如，耐克（Nike）与杜邦（DuPont）公司的合作），或减少使用包装材料（例如，沃尔玛（Wal-Mart）与她的供应商），或降低能源使用等不一而足。丹尼尔·埃斯蒂与安德鲁·温斯敦合著的《转绿成金》书中（Daniel C. Esty and Andrew S. Winston. *Green to Gold*. John Wiley，2009）列举了许多案例，下面转录三则：

（1）UPS 快递公司利用"全球定位系统"（GPS）重新设计送货车辆行车路线，尽量减少左转与停置时间，结果一年行车总距离减少 2800 万英里[②]，节省了 300 万加仑汽油。

（2）3M 公司启动的 3P 计划专案（pollution prevention pays: 3P，其意是避免污染即能得益）认为生产过程中造成的污染是一项成本，也是质量低劣的表现。从 1975 年开始，其后的三十年间，该计划下启动了 6300 个项目，消除了 26 亿磅[③]的

---

① 加仑，非法定单位，1gal(UK)=4.5460L，1gal(US)=3.78543L.

② 英里，非法定单位，1mi=1.609344km.

③ 磅，非法定单位，1b=0.453592kg.

污染物，这些项目投入后的第一年就为公司节省了约10亿美元。

（3）奇异公司（General Electric）2005年启动一项计划（ecomagination campaign）投入了15亿美元作为环保技术（environment technologies）研发费用，结果在五年内环保产品的销售额从100亿美元增加到200亿美元，他们向波音公司与空中巴士公司提供的飞机喷射引擎能节省15%的燃料，减少了30%噪声以及30%二氧化氮（主要空气污染物之一）的排放。

人类是天然资源的使用者、消耗者，也是破坏者。从使用天然资源的特性来看，首先，人类无法创造也无法毁灭物质与能量（因此我们可以假设总量不变）；其次，物质的质量由其浓度、纯度以及结构决定，但是物质会受污染（如毒害、辐射线等）或过度使用而遭到破坏，有的污染（如辐射）后效时间很长，有的物质的污染（如土壤）极难清理。为了能够长久使用资源，人们必须减缓或避免质量的恶化。维护资源的方法有三：

（1）节约使用，避免浪费——如耗竭性的石油、矿藏。

（2）回收后，经过清理加工，再重复利用——如水、纸张、塑料、金属。

（3）保护环境，以利资源再生——如水、空气、太阳能。

一个社会可以通过经济手段（例如，电力或自来水等公共事业向使用者收费，政府对减少污染者减税）或者法律手段（例如，强制减少排放污染物，禁止使用某些破坏环境的化学剂）来推动这些办法的实施。企业则可以通过公司内部不同的政策（例如，使用回收物料进行生产，更换节能装置）以达到维护资源的目的。

除了政策之外，企业也可以加强宣导工作，通过教育以及员工的直接参与做好这方面的工作，从珍惜资源的原则出发，帮助员工养成良好的工作态度与生活习惯。

（1）不浪费自己时间、精力以及企业资源。

　　① 提高工作质量，凡事一次做对，避免反复修正或协调。

　　② 提高产品与服务质量，降低不良率，避免返工、退货。

　　③ 提升自己与同事的工作技能与（市场）价值：

　　　　a. 增进知识，发展技术，建立良好关系。

　　　　b. 缩短工时，减少精力虚掷与资源消耗。

（2）认清自己作为社会公民的责任，不因一己的方便或怠惰而造成他人、企业或社会的负担。

（3）节约使用资源，回收资源，资源用在必要处，不让它空转或弃置。

（4）保护环境不受污染，讲究生态环境与个人卫生。

　　① 污染造成浪费：或需要额外清理，或只能废弃不用，甚至损坏人们健康。

　　② 生病也是浪费：浪费医疗与企业资源，消耗自己，糟蹋时间，药品能污染环境。

9.5　营造企业文化

　　本章在比较中西文化特质后，提出了企业文化的共同价值观：敬业、乐群、珍惜资源。这三项并非各自孤立的纲领。首先，敬业与乐群的关系表现在相互尊重与信任的基础上，企业活动是一个集体行为，单独个人无法做好工作；反之，有能力、明事理、负责任、作风正派，才能赢得尊重与信任，因而能促进长期的团结合作。其次，资源短缺与不公平的分配很容易造成人际关系的紧张，因此公德是珍惜资源与乐群的必要修养。最后，敬业者必定会有效地使用资源达成任务，珍惜资源是敬业者的规范行为。

　　除了这三项之外，营造具有正面意义的企业文化是上层管理者不可推卸的责任。为了不使公司倡导的企业文化沦为口号，管理者必须厘定相应的办法，并认真地落实到每一个角落。一旦员工意识到公司对此认真的立场，就会端正自己的工作态度与观念，进而蔚然成风，成为公司的文化。最后就以下列应用原则作为本章结束语：

　　（1）企业文化中的价值观必须合情合理合法，并具有提升的意义。

　　（2）尽量在实质上能达到企业与员工的同步提升。

　　（3）推动宣导教育工作，让员工了解到同步提升的意义。

　　（4）倡导的价值观能具体地融入工作中，并以此作为部分绩效考核的依据。

　　（5）促使员工参与到落实价值观的工作项目中。

　　（6）鼓励员工提供相关的建议，并奖励具实效者。

附录 Ⅰ　各章报告的题目

第1章　经理人的角色

（1）分别论述如何促动对一个（a）需要有极高成就感的人，（b）渴望有极大影响力的人，（c）需要有强烈归属感的人？（对他们哪些该做，哪些不该做。）

（2）列出作为一个经理人最重要的十项工作，并给出理由。

第2章　沟通

从你生活或工作中找出一则与沟通有关的案例（最好是自己的经验，也可以是你所观察到的），并于下节课在班上作口头报告。内容至少应包括：

（1）案例的陈述。

（2）论点所在为何（该案例为何被提出——其重要性）。

（3）问题分析。

（4）如是成功的案例，为何成功？如失败，为何失败？又如何改善？

（5）结论。

第3章　领导统御

（1）参考课堂上有关本节的讨论内容，论说一位古今中外你认为最具领导力的人物，提出他的作为来做印证。

（2）从美国奥巴马总统就职演说看他的领导能力。

第4章　员工发展

假如你是一家公司的总经理，在不考虑费用的情况下，请拟写一份留置员工的政策与具体的措施。

第5章　绩效管理

设计一份某部门管理人员绩效考核评审表（可以选择你熟悉的部门）。

第6章　营运工程与管理

（1）用流程图写出：从你有意愿成为本校研究生到你进入本校上第一节课的过程。

（2）某生产设备的公司组建了11个服务团队，分别为11个主要客户提供设备安装与维修服务，各团队为其客户安装设备时，累计安装次数与安装成本的关系如下图所示。作为服务团队经理人的你，如何判定各团队的工作绩效，并以此促动降低安装成本？

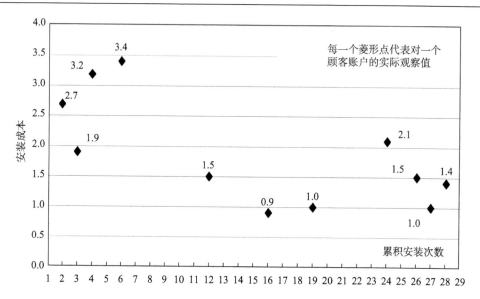

每一个菱形点代表对一个
顾客账户的实际观察值

累积安装次数

第7章　规划与管控

（1）请用下列资料编制损益表

		$M			$M
Inventory	存量	550	Selling Expenses	销售费用	250
Capital Expenditures	资本支出	50	Dividends	股息	30
Sales	销售收益	2,000	A/C Receivable	应收账款	350
Cost of Goods Sold	销售成本	1,100	Buildings	厂房	1000
Taxes Payable	应付税	50	R & D Expenses	研发费	300
Distribution Expenses	分配费用	50	Mgmt Expenses	管理费用	200
Retained Earnings	保留盈余	400	Accounts Payable	应付账款	600
Income Tax Rate	收益税率	37%	Depreciation	折旧	50

（2）判定下表内各项对营运资产回报率（ROOPA）的影响（或增，或减，或无影响）

	增加	降低	无变化
1. 增加产量			
2. 向客户增收 10%设备安装费用			
3. 接到 300 万元的订单			
4. 送出四台设备给客户			
5. 向一个主要客户减收 15%的货款			
6. 对客户提供无偿的产品升级			
7. 完成并启用新的研发实验室			
8. 与客户签订了一份 200 万元的服务合同			
9. 提高了采购部门的工作效率			
10. 增发新股票			
11. 全体员工获得加薪			
12. 为客户培训的收费增加了 20%			

（3）下面是书中图 7.7 的现金流量分析，你能看出些什么吗?

	Q1	Q2	Q3	Q4	Q5
产品销售	0	32	38	62	68
现金流出					
销售成本		14	21	29	36
存货增加量	7	4	5	5	4
营运费用	12	9	10	9	10
资本支出	4	3	1	1	1
现金流出量总计	23	30	37	44	51
来自应收账款的现金流入	0	0	10	30	50
现金净流出	23	30	27	14	1

（4）列出 10 项度量一个企业的标准，并提出采用各项的理由。

第 8 章 变革管理

以历史上的一次变法为例，论述其背景与成败得失的原因，并列举与课堂上所学的有何相关之处。

第 9 章 企业文化中的共同价值观

（本章无报告要求）

期终报告：（1）写出你一学期以来学到些什么，又对你有何影响?

（2）在课堂上，什么是你喜欢的，什么是不喜欢的?

（3）有何建议?

附录II 企业自我评估表以及最优运作法则

此附录分两部分：企业自我评估表以及最优运作法则（rules of best practice）。前者罗列了 51 个简单问题，最初是为中小企业设计的，后者针对每项问题提供最优处理的原则或方法，以供参考。

企业自我评估表

A 经营管理

1	有无明确的经营范围、理念与目标，并做成文件	有	无		
	如有，是否所有员工都了解	是	否	有部分	
2	是否有竞争或市场压力	是	否	有部分	
3	公司目前营运的重点(可选多项)	提高品质	降低成本	客户满意度	产品创新
		制程创新	提升产能	扩展市场	职工增能
		提高士气	企业改造	其他	
4	财务管理政策与实施是否有效	满意	尚可	待加强	
5	成本估算方法(以决定价格与利润)是否有效	满意	尚可	待加强	
6	是否已建标准作业流程	是	否		
	如有，在哪些领域(可选多项)	销售业务	产品开发	制造程序	生产管理
		物流仓储	设施维修	文件管理	客户服务
		质量管理	财务管理	采购管理	绩效考勤
		变革管理	其他		
7	"持续改善"是否列为公司的经营理念	是	否		
8	"客户优先"是否列为公司的经营理念	是	否		
9	环境与工作安全是否列为公司的经营理念	是	否		
10	目前是否有改进企业营运或流程的计划	有	无		
	如有，在哪些领域(可选多项)	销售业务	产品开发	制造程序	生产管理
		物流仓储	电脑管理	客户服务	品质管理
		财务管理	采购管理	设施维修	环境安全
		人事/组织	绩效考勤	资讯系统	企业文化
		其他			

B　业务与销售

11	有无管理"客户关系"的资讯系统	有	无	有部分	
12	如何维持既有的客户(可选多项)	发展关系	提供服务	品质改善	调整售价
		及时供货	其他		
13	如何开发新客户(可选多项)	透过关系	广告宣传	展销会	市场调查
		主动接触	其他		
14	有无追踪客户订单状态的机制	有	无	有部分	
15	有无了解客户满意度的机制	有	无	有部分	
16	近期(1~2年内)市场的计划	扩展	收缩	无变更	

C　产品工程

17	如何决定开发新产品(可选多项)	市场需要	先进技术	效法别人
		老板决定	其他	
18	有无产品开发—投产—使用—回收的管理系统	有	无	有部分
19	有无管控产品与制程资料(内部、客户、供应商)	有	无	有部分
20	既有设计与材料被新产品重复利用的比例	满意	尚可	待加强

D　生产管理

21	生产计划与实际的差异程度	满意	尚可	待加强
22	生产流程中有无及时反馈机制	有	无	有部分
23	能随时掌控产能、订单与物流	满意	尚可	待加强
24	生产线上的状况一目了然	满意	尚可	待加强
25	有无品质管控系统	有	无	有部分
26	有无设备管理系统	有	无	有部分

E　采购与物流

27	有无明确的采购政策与相关的管控系统训练	有	无	有部分	
28	有几家供应商	1	2~6	7~20	20以上
29	选择供应商的主要标准(可选多项)	价格低廉	品质优良	按时供货	配合度高
		互信关系	其他		
30	是否跟踪评鉴供应商的表现	有	无	有部分	
31	有无降低仓储、缩减生产过程中物料的办法	有	无	有部分	
32	有无出货管控与售后跟踪系统	有	无	有部分	
33	有无选择运输方式(以利出货)的办法	有	无	有部分	

F　人事管理

34	有无企业经营绩效与员工考核系统	有	无	有部分
35	有无员工留置政策与实施办法	有	无	有部分
36	有无实施员工训练及培养计划	有	无	有部分
37	有无实施员工在公司内部职业发展计划	有	无	有部分
38	有无决定员工薪资及福利的有效办法	有	无	有部分

G　沟通与资讯

39	内部沟通的主要方法与工具(可选多项)	面谈/会谈	书信、传真	电话	电子邮件
		互联网	电脑软体	其他	
40	外部（客户、供应商、政府）沟通的主要方法	面谈/会议	书信、传真	电话	电子邮件
		互联网	电脑软体	其他	
41	资讯搜集主要方法与工具(可选多项)	员工搜集	市场调查	委托专人	顾问公司
		专业团体	社会机构	其他	
42	资讯储存/处理/主要方法与工具(可选多项)	文件档案柜	电脑档案	电脑资料库	
43	资讯传递主要方法与工具(可选多项)	书信、传真	电子邮件	互联网	电脑软体
		其他			
44	是否使用电脑系统进行管理	是	否		
	如有，涵盖范围为(可选多项)	客户关系	产品	生产规划	物流、仓储
		订单跟踪	品质管制	员工资料	财务
		设施、设备	其他		

H　营运状况（请勾选下列评估参考资料）

45	产品或服务的类别	机械制造	电子电器	化学工业	能源产业
		食品产业	成衣、鞋、袜	运输产业	餐饮业
		设备制造	建材产业	材料回收	木制产品
		其他			
46	公司员工人数	10 以下	10～25	26～50	51～100
		100～200	200 以上		
47	有几处不同的工作地点	只有一处	国内多处	国内与海外	
48	产品或服务如何进入市场	接单供应	销售与中间商	网络销售	直销顾客
		其他			
49	营运方式(可选多项)	接单设计	接单制作	批量生产	批发
		零售	其他		
50	是否提供客制化产品或服务	是	否		
51	竞争者的数量	少数独占	垄断	有限竞争	完全竞争

最优运作法则

（表中第二列的第一位数字对应上表的问题编号）

明确经营范围、理念与目标，并写成文件	1.1	每人的想法与理解常有不同，经营范围、理念与目标应写成文件，并让所有员工都了解，方向才会一致，行事才有依据，管理才会精简有效	经营管理
有竞争或市场压力	2.1	有效的管理应经常自问：为什么公司可以获取订单，如何可以进一步提升竞争力与市场地位	
营运的重点	3.1	"提高品质"多从"全面品质管理"入手，包括教育训练、稽查辅导、作业标准化、减少差异、流程改善、资料搜集、快速反馈、产品量测与追踪、统计方法，等等	
	3.2	"降低成本"措施包括改进效率(速度)，减少积压，消除浪费(报废品、不必要的工作/资源、重复工作)，权衡得失轻重，准确的成本估算，厘清企业流程中的混乱，等等	
	3.3	"客户满意度"的提升除了高品质、低售价、准时快速外，最重要的是把客户需求与利益置于首要位置	
	3.4	"产品创新"考虑市场/客户需求、产品功能与价格、制造能力、原料来源、进入市场的时间，等等	
	3.5	"制程创新"包括更新制造/检测技术与设备、物料处理、制造流程再造、变更生产策略，等等	
	3.6	"提升产能"除了制程创新外，还要加强员工训练/辅导，更新设备，提高良品率与设备使用率	
	3.7	"扩展市场"：增加市场占有率，开发新市场，提供新产品	
	3.8	"职工增能"：学习新概念，训练新技能，辅导新工作，诱导/激励工作效率	
	3.9	"提高士气"：激励/奖励，训练/辅导，改进人事政策措施，提升领导技能，加强沟通，改造企业文化	
	3.10	"企业改造"：进行全面变革管理	
财务管理政策与实施	4.1	明确财务政策与会计制度，及时作财务管理报告，保存10年资料与报告，财务状况分析，决策依据	
成本估算	5.1	完整准确的成本资料，行为基础的成本制度，成本分析与估算	
标准作业流程	6.1	标准作业流程是有效管理，提高品质，降低成本，控制进度的基本要件，也是不断改善的依据。在标准作业指导下，有助于找出差异的原因，分析与检讨缺失所在。也让参与者知所适从，可以预期行事方式与结果	
	6.2	"销售业务"应有标准的合法销售程序，包括合约条款、签约方式、交易所需文件、付款与交货办法	
	6.3	"产品开发"的标准程序可以包含市场的合法性与可行性调查，工程与制造的验证，成本与可用资源分析	
	6.4	"制造程序"作业标准至为重要，重复性是品质保证的重点，任何主张在未经制造工程部门同意前不应擅自实施	
	6.5	"生产管理"的计划、核查、跟踪、资料搜集、现场管控、意外状况处理等都应有作业标准，以顺利完成任务	

标准作业流程	6.6	"物流仓储"若无标准作业程序，就难以保证所需材料能准时送达正确位置 (items 31-33)
	6.7	"设施维修"可分为"定时保养"与"及时修理"两类，标准作业包括如何启动维修、派工、取料、记录等 (item 26)
	6.8	"客户服务"包括服务类别、回应客户的程序、服务水准的要求、客户资料和服务记录等
	6.9	"品质管理"范围极广，检验、测试、器具校正与验证、记录、资料分析、品质异常处理、训练、考核(item 25)
	6.10	"财务管理"作业标准:预算、计划、收款、付款、记录、单据、报表、分析报告、稽核、审查
	6.11	"采购管理"对于采购金额多寡常有不同的作业方式，对于小额采购多半便宜行事，大额的审批、寻价甚至招标、发包、验收、付款都严格得多(items 27-30)
	6.12	"绩效考勤"对于不同工种与职位可以有不同的考核内容，但是考核标准与签报方式应当谋求客观一致(item 34)
一文件管理	6.13.1	定期做内部稽核，以确定企业内部均按标准作业行事(并保存相关文件与记录)
	6.13.2	做成文件的程序与记录至少应包括:文件管控、内部稽核、不良品/废品管控、问题及根源、改正措施、防错措施、教育与训练、工具与设备的校正与维修
	6.13.3	文件的修订、审批、版本与出刊都有一定作业程序与各自负责的人和组织
	6.13.4	一切文件都用最新版本，误用旧版的状况能被有效地消除
	6.13.5	所有文件与记录均有备份，并保留 3～5 年
	6.13.6	所有文件与记录均有归档办法，可以即时调阅、复制
	6.13.7	对于文件与记录采取有效的分类办法，清楚地规定何人可阅何种文件
	6.13.8	保存与使用外来的文件时有一套管控制度，以保证不致流入不相关者手中
一变更管理	6.14.1	制造程序变更(包括机具、设备、材料、辅料)时，完成验证审批并做成记录
	6.14.2	工程变更(产品或制造程序的变更)经由一套记录成案的过程得到有效的管控
	6.14.3	变更前后的产品经由分类来作有效辨别，并作为日后追溯的依据
	6.14.4	变更前后的供应商提供的材料经由分类来作有效辨别，并作为日后追溯的依据
	6.14.5	适当的检讨及发行变更内容
	6.14.6	进行变更前后状况分析，以评估其效果
经营理念一持续改善	7.1	"持续改善"是提升自己、保持/扩展市场、领先同业的有效办法
	7.2	持续改善的思想被所有的管理人员理解，执行者具有专业知识和管理水平

经营理念—持续改善	7.3	作业者提出的意见及建议将来作为管理层的依据	
	7.4	为了进行持续改善，制定不良预防计划	
经营理念—客户优先	8.1	"客户优先"是留住客户、扩展市场的基本概念	
	8.2	为取得顾客满意，所有的部门都理解其责任	
经营理念—环境与工作安全	9.1	"环境与工作安全"是留置员工、提高士气、合法经营的基本要求，也是当前许多客户的要求	
改进企业营运/流程计划	10.1	参照市场、技术与管理，定期对企业各部功能进行评估，以提出改善计划	
	10.2	企业具备应付突发事件(如断电、缺水、人力短缺等)或灾难的能力，并有完整的"运作无中断计划"与操作程序	
客户关系管理	11.1	"客户关系"资料包括客户企业经营的所有相关资料:名称，主要负责人，联系方式，往来资料(如订单、款项支付、稽核文件等)，倾向风格，市场动态，营业状态，喜好	业务与销售
	11.2	在接受订单时应作检查查核，以保证顾客的要求可以被满足	
	11.3	有效的内部体系保证顾客的要求被确认，并有记录	
维持既有的客户	12.1	满足客户需求、关心客户利益、解决客户问题，是留住客户的关键，企业应经常联系客户并了解市场	
开发新客户	13.1	开发新客户除了市场信息与沟通联系外，更重要的是企业在管理上给人的观感以及实质上所能提供的东西	
有无追踪客户订单状态的机制	14.1	"订单状态"是指由接到订单起到客户无误地验收货品为止，能及时掌握订单完成的程度	
	14.2	整理"订单状态"可以预测交货期，调整生产/发货优先次序，提升客户满意度	
	14.3	整理"订单状态"可以呈现生产与存量的现况，估计生产/发货周期，提升作业效能	
有无了解客户满意度的机制	15.1	"客户满意度"最终由订单来决定，若接不到订单，则为时已晚，因此必须建立机制及早调查客户的满意度	
近期(1～2 年内)市场的计划	16.1	扩展市场的风险在于过度或不当的投资	
	16.2	收缩经营可导致失去客户与市场占有率	
	16.3	无变更计划时，会造成失去市场占有率，或滞销与亏损现象，应做周期性市场与客户评估	
决定开发新产品	17.1	开发新产品可以利用一套行之有效的流程进行有效管理，大体上为：产品概念与可制造分析-市场需求与成本分析-工程验证-设备验证-制造验证-试车-投产	产品工程
	17.2	产品设计完成验证审批	
	17.3	制造程序与投产准备完成验证审批	
	17.4	生产测试，产品检验与可靠性完成验证审批	
开发—投产—使用—回收的管理系统	18.1	"绿色制造/供应链"把环保与永续发展概念纳入企业经营的策略，以改善品质、降低成本、提升商誉	
	18.2	了解客户绿色供应链的政策与管上的要求	

续表

管控产品与制程资料(内部、客户、供应商)	19.1	产品与制程资料的管控需要一套完整的政策,以保护企业利益;利用现有知识,缩减时间、减少投资;通过提高标准化程度增进效能	生产管理
	19.2	管理产品与制程资料,可以使用市场现成的软体工具,达到有效管控的目的	
设计与材料被重复利用	20.1	提高重复利用有效的设计与材料,增加产品可靠性,降低成本,缩短开发时间	
	20.2	有制订生产计划、工作路线、排程与发工的能力	
生产计划与实际的差异程度	21.1	计划与实际的差异往往来自下列各方面,①不按计划实施,②计划无可行性,③计划缺少细节,④计划执行过程没有核查,⑤生产周期过长无法及时反馈差异	
生产流程中有无及时反馈机制	22.1	完整反馈机制应决定①什么需要反馈,②如何搜集反馈资料,③资料是否需要进一步整理与分析,④资料如何反馈,⑤反馈后需作何种决定,⑥资料及行动方案储存,以备未来决策以及追踪之用	
能随时掌控产能、订单与物流	23.1	产能、订单、物流的随时掌控在于搜集、分析、储存、报告,依此进一步成为估算、评审的基础	
	23.2	产品追踪记录:曾在何时、何处、被何人、如何处理	
	23.3	从进料、生产到出货过程中各项检验的记录;包括良品、不良品、返工品、报废品	
	23.4	企业对于自己的产能有清楚的了解,随着产品、制程、设备、机具的改变能即刻计算出产能	
生产线上的状况一目了然	24.1	生产行为牵连广泛,"状况一目了然"的要求迫使业者趋向简单化、标准化、明朗化,从而到达有效管理	
有无品质管控系统	25.1	许多大企业在选择供应商时,品质管控系统是其主要评估标准。供应商必须提出并证明管控系统可以保证品质。评估的考量也是多方面的,一般会包括下列各点(25.2~25.21):	
	25.2	企业有清楚的品质管理组织,并得到高层的支持与授权	
	25.3	企业有明确的品质目标、政策、管理方法与程序(并做成文件及品质手册),并定期验证其有效性	
	25.4	依照品质目标、政策、管理方法与程序,给予职工有效的训练	
	25.5	规划并执行各项品质管控相关的训练(如 FMEA / SPC / RoHS / Reliability engineering / FA skill / Contamination Control / 6 sigma)并做成记录	
	25.6	品质列入每位职工考绩项目	
	25.7	企业有独立的部门(SQE),对于管控进料品质提供工程、环保与技术支援	
	25.8	企业对于自己的供应商的评估与认可有一套办法与程序,包括:评估并选择厂商,进料检验,不合格物料的管控、稽查(定期的、随机的)、记录、反馈	

有无品质管控系统	25.9	第一次良品与返修品可以清楚辨认，必要时可以有不同的检测方法
	25.10	检验与测试的结果都有记录可稽
	25.11	不良品、返修品、报废品都有标示与记录，包括问题的源头及原因、采取的措施、处理的办法
	25.12	问题的源头及原因、采取的措施、处理的办法及其效果，应汇报适当的管理阶层/部门以作审查
	25.13	问题的源头及原因、采取的措施、处理的办法及其效果，应编辑成训练教材，建立机制，以防同一问题再度发生
	25.14	若防错措施导致工程设计或制程变更，应做成记录并能识别变更前后的产品
	25.15	异常状况的停产条件/程序，以及排除异常后的复工条件/程序执应清楚列明，并遵照执行
	25.16	厘定召回售后产品的程序
	25.17	定期整理并分析生产与品质管制的数据，汇报有关管理部门，精益求精，不断改善
	25.18	企业应备有检验品质，分析材料与不良品的工具与方法
	25.19	企业定期做内部审查工作，确定各部门按规则作业行事，发现规则或纪律的缺失，确认责任者并予以纠正
	25.19.1	审查及纠正结果，做成记录并保存
	25.20	客户的反馈应作为改正措施的依据
	25.21	品质体系是依靠工程管理，而非产品管理
有无设备管理系统	26.1	设备管理系统考量设备使用状况，包括规格、价格、已使用年数、损坏及维修记录、使用记录等，这些资料提供了设备成本、维修费用与时间、可使用的状况.若是直接生产设备，就应联系到良品率以及操作员，以为排程发工参考
	26.2	验证用于生产的设备与机具的功能，制造条件和精密度均符合产品规格的要求
	26.3	工具、夹具、机器、仪器按照规定的程序及时校验并有记录可稽
	26.4	未校验的工具、夹具、机器、仪器不得使用
	26.5	按时检查厂房、设备、机具、电脑系统，确保符合使用规格
	26.6	所有用于生产的设备与机具都通过适于生产的评估
	26.7	所有设备与机具都遵照同一套标准作业方式进行检查、调整、修正、保养
	26.8	由专业合格者对于所有设备与机具进行检查、调整、修正、保养
	26.9	一旦发现设备或机具发生差异或故障，主管人员会立即停止生产，调查原因，并记录/标示可能受影响的产品
	26.10	企业设有提示系统，可以按时发出设备与机具的检查、调整、修正、保养的要求
	26.11	所有设备与机具的检查、调整、修正、保养均有记录在案

	26.12	检验与测试的方法和工具都已被证明有效	
有无设备管理系统	26.13	设施环境,诸如温度、湿度、压力、精确度等,都符合生产/操作要求,并做定期评估检查	
	26.14	环境与产品安全管理系统,能发现异常(原料、在制品、产品、制程)并及时处理	
	26.15	有防止流出危险品的机制	
明确采购政策与管控系统	27.1	为降低成本,防止弊端,企业应有明确的采购政策,使采购作业透明化。管控系统应与财务控管成为一体	采购与物流
	27.2	原料采购可为①排程驱动,②需求驱动,以及③存量驱动,三者之间的选择另由八个因素决定	
有几家供应商	28.1	采用多家供应商较有可能降低断料风险,但采购成本也可能增加,多寡依情况决定	
选择供应商的主要标准	29.1	企业与供应商是伙伴关系,供应商的经管绩效直接影响企业,包括成本、品质、断料、压积、缺货等,与供应商能长期保有互信关系可免除许多问题。选择供应商应作综合考虑,必要时应帮助他们改进	
跟踪评鉴供应商的表现	30.1	跟踪评鉴供应商的表现,以避免主观、片面印象、偏见、个人情绪与恩怨,公平的评比可以提高企业本身的认识	
降低仓储、缩减生产过程中物料的办法	31.1	物料流动采用"先进先出法"(FIFO)	
	31.2	物料流动过程中,能够追溯过去历程,包括时间、地点、工序、使用的机具、经手者	
	31.3	建立物料管制的标准,包括储存、搬运、包装、进料、出货等作业程序、条件与环境	
	31.4	物料管制的标准应经受检验并做成文件	
	31.5	尚未检验、检验通过、检验未过以及正在检验的物件需要清楚无误地标示,并分开放置	
	31.6	有系统地防止混物料与跳工序	
	31.7	物料管制的标准应经受检验并做成文件	
	31.8	降低各部物料是缩短供应周期的有效办法,也因此减少滞销风险、资金积压、掩盖问题等的可能性,通常可借由①正确及时的资讯,②降低作业时间的波动,以及③快速反应等方法来达到此目的	
	31.9	根据资材特性类别划分区域管理(如静电要求产品、危险品、害物管理等)	
	31.10	管理仓库状态(如温度、湿度)并做有记录,如超出规定范围应及时采取措施	
出货管控与售后跟踪系统	32.1	退货可以成为企业重大灾害,除去金钱外,商誉也受损,因此应有一套有效的出货管控办法。此外根据调查,客户另寻供应商的原因中 68%是因为供应商对于客户利益/要求漠不关心,因此售后跟踪及服务系统实属必要	
	32.2	根据出货装箱单,可以联系到生产流程记录,以此不良品可追溯其路径,便于找出问题	

续表

出货管控与售后跟踪系统	32.3	不符合规格的货品应明确标示，即时有效地处理(清除)	
选择运输方式(以利出货)的办法	33.1	与运输方式相关的因素包括：客户要求，出货频率，送货距离，货品重量、尺寸、性质、成本、时间以及运输公司等. 如何包装(符合品质、安全、合法、经济原则)，何种交通工具，企业自运或外托运输公司都是考量的重点	
经营绩效与员工考核系统	34.1	定期检视企业经营绩效，以及时做出反应	人事管理
	34.2	检视经营绩效需要①厘定指标，②搜集并分析资料，③迅速做出判断与决策，④及时反馈修正. 为了达到这些目的，往往需要依靠一套有系统的办法与工具	
	34.3	员工考核必须与员工工作/发展计划相连，如此考核才有依据，从而避免了主观、片面与偏见，员工由此了解自己的优点与缺失	
	34.4	员工考核是调薪、迁调、奖励的重要参考	
员工留置政策与实施办法	35.1	员工留置，避免/减少人才流失，研究显示：离职/雇佣成本远高于薪资，员工离职首先与直属上司有关，其次为工作发展机会与薪资福利.企业可以针对自身情况厘定员工留置政策与实施办法	
实施员工训练及培养计划	36.1	员工训练及培养计划是强化企业的重要手段，养成计划可分管理与技能不同的层面。计划可以包括企业内部教育、送外受训与在职训练。各级主管应当把培养员工、留置员工当作主要工作来看，必要时纳入其考绩	
	36.2	记录职工教育、训练、技术水准以及工作经验	
	36.3	职工在认证后授予的证照应作登记，并建立必要的重新认证的办法(如离开工作岗位太久)	
	36.4	按照外部变化与企业需要及时更新训练的内容	
实施员工在公司内部职业发展计划	37.1	员工在公司内部职业发展计划直接影响到培育人才，增强向心力，唯有如此才不致发生无才可用的问题	
决定员工薪资及福利的有效办法	38.1	员工薪资及福利不能低于市场的行情，因此人事部门应定期进行市场调查，并就商财务部门厘订薪资及福利政策	
	38.2	为了厘定薪资标准以及做好员工的职业规划，企业应当有一套职务分类与评等的方法，如此可以清楚地定出员工的职业发展的路径，并合理地定出跨部门的统一薪资标准	
内部沟通的主要方法与工具	39.1	依照企业的规模、性质、时间、成本、资讯内容及保密的要求，选择内部沟通的方法与工具	沟通与资讯
	39.2	电子化与电脑化成为主要的资讯工具	
	39.3	建立企业内资讯流程，以利作业。规定各职务对于资料使用的权责，以维护资讯的完整与安全	
外部(客户、供应商、政府)沟通	40.1	外部(客户、供应商、政府)沟通的方法，多半由外部的要求决定	

续表

资讯搜集主要方法与工具	41.1	资讯管理是现代企业的重要功能。正确及时的资讯是有效决策的先决条件。由市场到企业，由法令到规章，到处都是有用的资讯。好的企业应当清楚地了解什么是必要的资讯
	41.2	处理资讯的方法与工具乃属必要，但每种搜集的方法与工具都有其优点、限制与缺失
资讯储存/处理/主要方法与工具	42.1	处理资讯的方法与工具乃属必要，但每种储存/处理的方法与工具都有其优点、限制与缺失
资讯传递主要方法与工具	43.1	处理资讯的方法与工具乃属必要，但每种传递的方法与工具都有其优点、限制与缺失
是否使用电脑系统进行管理	44.1	电脑的应用大大提升了资料处理的精确性、及时性、有效性、保存性、机动性，再结合管理、工程、数学方法的应用，电脑化是近代企业的必要条件
	44.2	"客户关系资料"包括客户企业经营的所有相关资料:名称，主要负责人，联系方式，往来资料(如订单、款项支付、稽核文件等)，倾向风格，市场动态，营业状态，喜好
	44.3	"产品资料"中最重要部分是工程资料，这是企业收益的源头，是产品设计、物料采购、制程与制造的依据。一套有效的产品资料系统可以帮助企业达到下列目的：①管理设计变更及其成本，②利用已知，缩短新产品设计时间，③利用已知，提高新产品的可靠性与品质，④利用已知，降低新产品成本，⑤发展产品、开发路径，⑥统筹工程、采购、制程、制造、检验、仓储、搬运、包装，与输送的技术整合
	44.4	"生产规划"在近代企业中已经高度电脑化了，根据①市场或订单需求，②制造程序，③生产时间，④良品率，以及 ⑤可使用资源，按照生产的形态(通常可以是(a)计划生产、(b)接单组装、(c)接单制造和(d)接单设计等四种之一)做出生产规划
	44.4.1	先进的"生产规划"常用到"数学模式"来进行复杂的运算，结合电脑的使用可以快速精确地找到有效的规划方案
	44.4.2	"生产规划"运算的数据来自三方面：①客户与市场需要的预测，②供应商可提供原料的数量与前置期，③生产过程中参数值的搜集(如人工/机器时间，良品/损毁率，机器设备可靠度，物料搬运时间)
	44.4.3	生产的形态(计划生产、接单组装、接单制造和接单设计)的选择，系由生产速度（取决于生产周期与良品率）、产品复杂度、产品价值、订货变易程度、市场预测的难易、供应链管理困难度，以及客户要求决定
	44.5	"物流与仓储"的电脑化提升物料资讯精确，找寻快速，便于管理，减少积压、浪费、缺料、断料
	44.5.1	物料资讯可以迅速地提供报告给管理者核查，也是财务报告的依据之一
	44.5.2	物流与仓储的电脑化，能够让企业很容易地连接到供应商与客户的资讯系统，走向电子商务，促成快速精准有效的管理

续表

是否使用电脑系统进行管理	44.6	"订单跟踪"是指由接到订货起,直到货品被客户验收付款为止,整个过程期间有关订单状况的资讯完整有效,这些资讯的收集/分析是企业管理的重要手段	营运状况
	44.6.1	由"接单"到"投产"是生产的"前置期", 其分析着重于备机、备料、人力分配、产能	
	44.6.2	订单在整个生产过程的状况反映了生产的状况:瓶颈、产能问题、质量问题、规划问题、以及其他待改进之处	
	44.6.3	订单的生产周期(从开始生产到完成)提供了对客户交货期的依据	
	44.6.4	依订单发货到客户验收,反映了检验、包装、运输的状况	
	44.6.5	客户验收后到付款时间,反映了应收账款的管理状况	
	44.7	除了有关"品质资料"储存外,"品质管制"最常用的电脑工具就是 SPC 中管制图。通过对统计量(如平均值、差异、缺点数等)的观察,判定制造过程有无失控或失控的倾向,从而及时做出纠正	
	44.7.1	品质检验包括原料、在制品与成品。为了节省成本与时间,抽样检验成为主要手段。依用统计学的理论可以定出最佳抽样计划	
	44.7.2	如果工程理论无法决定制程中的参数,往往可以通过实验来决定。如果再结合统计与数学方法,就可快速可靠地找到适当的数值. 这套方法称为"实验设计"或"实验计划"	
	44.7.3	"品质资料"还应包括过去观察到的质量问题、产生的原因、解决的办法、预后的效果。与工程、制程资料一样,"品质资料"是企业竞争力的重要资产	
	44.8	"员工资料"包括许多方面:①个人资料:姓名、地址、电话、身份证明、联络人、学经历、资格认证、家属,②职务:职称、类别等级、工作范围与责任、主管,③考绩与发展:历年考核资料、迁调记录、学习与训练、专长,④薪资与福利	
	44.8.1	员工资料电脑化能够快速精确地找到企业内部的人力资源,并予以分析,以供企业需要,挑出适当人选	
	44.9	由于财务交易频繁,作业程序已标准化,"财务"电脑化就成为企业最常用的手段,如此可以快速准确地进行分析,制作报表,从而提供交易、决策的依据	
	44.10	"设施与设备"的制造/使用年份、价格、使用率、维修记录等为成本、费用、效能、更新提供依据	
产品或服务的类别	45		
公司员工人数	46		
有几处不同的工作地点	47	45~51 各项与最优运作法则无关	
产品或服务如何进入市场	48		

营运方式(可选多项)	49	45～51 各项与最优运作法则无关
是否提供客制化产品或服务	50	
竞争者的数量	51	